PENSÉES
QUOTIDIENNES

Photo de couverture : © Ignatius/Dreamstime.com

Éditions Prosveta S.A. – CS30012 – 83601 Fréjus Cedex (France)

ISBN 978-2-8184-0337-2

Omraam Mikhaël Aïvanhov

PENSÉES QUOTIDIENNES

2016

PROSVETA

Avis au lecteur

Omraam Mikhaël Aïvanhov a dispensé oralement un enseignement spirituel développé dans près de cinq mille conférences spontanées données entre 1938 et 1985 ; ses propos ont été conservés dans leur intégralité, soit qu'ils aient été transcrits par sténographie entre 1938 et le début des années 1960, soit que, pour la période postérieure, ils aient été enregistrés sur des supports audio puis audiovisuels.

Ces enregistrements font l'objet, pour certains, de diffusion par les Éditions Prosveta ; ils peuvent être consultés pour prendre connaissance de façon exhaustive de l'enseignement.

Le présent ouvrage est réalisé à partir d'extraits de ses conférences.

Avant-propos

« Chaque matin, avant d'entreprendre quoi que ce soit, recueillez-vous un moment afin d'introduire en vous la paix et l'harmonie, et de vous lier au Créateur en Lui consacrant, par la prière et la méditation, cette journée qui commence.

L'essentiel, c'est le commencement. C'est là, au commencement, que les forces nouvelles se déclenchent et s'orientent. Pour agir correctement, il faut toujours commencer par chercher la lumière. Quand il fait nuit, vous ne vous précipitez pas dans l'obscurité pour aller prendre un objet ou commencer un travail, mais vous allumez d'abord une lampe pour y voir, et ensuite vous agissez. Eh bien, pour n'importe quel cas dans la vie, vous avez tout d'abord besoin d'allumer la lumière, c'est-à-dire de vous concentrer, de vous recueillir, afin de savoir comment agir. Si vous n'avez pas cette lumière, vous irez à gauche, à droite, vous frapperez à plusieurs portes, et vous ne ferez rien de bon.

Toute la journée est inscrite dans la direction que vous donnez dès le matin à vos pensées. Car suivant que vous êtes attentif et vigilant ou non, vous déblayez le chemin ou, au contraire, vous l'encombrez de toutes sortes de choses inutiles ou même nocives. Le disciple de la Science initiatique sait comment il doit commencer la journée s'il veut qu'elle soit fructueuse, remplie de la grâce de Dieu, afin de pouvoir répandre cette grâce autour de lui sur toutes les créatures. Il sait qu'il doit avoir, dès le matin, une pensée fondamentale autour de laquelle graviteront, durant la journée, toutes ses autres pensées.

Si vous avez pour chaque jour un but précis, une orientation précise, un idéal à atteindre, toutes vos activités vont peu à peu s'ordonner, s'organiser et contribuer à la réalisation de cet idéal. Et même lorsque des pensées et des sentiments étrangers, négatifs, tenteront d'entrer en vous, ils seront détournés et mis au service du monde divin, ils seront obligés eux aussi d'aller dans la direction que vous avez vous-même choisi de prendre. Et c'est ainsi que, grâce à la pensée fondamentale que vous aurez placée dès le matin dans votre tête, dans votre cœur, vous pourrez inscrire cette journée dans le grand Livre de la Vie.

Et puisque tout s'inscrit, une fois que vous aurez vécu une journée splendide, une journée de vie éternelle, non seulement elle sera enregistrée, non seulement elle ne mourra pas, mais elle tâchera d'entraîner toutes les autres journées à sa suite pour qu'elles lui ressemblent. Essayez au moins de bien vivre une seule journée car c'est elle qui influencera les autres : elle va les inviter pour leur parler et les convaincre d'être comme elle, équilibrées, ordonnées, harmonieuses.»

Omraam Mikhaël Aïvanhov

1er janvier

Il y a des centaines d'années un berger, dans la montagne, s'est amusé à tracer, avec son bâton, un petit sillon sur le sol. Qu'est-ce qu'un petit sillon ?... Mais ensuite il y a eu la pluie, la neige, le gel, le vent, le soleil... et peu à peu ce petit sillon s'est creusé, s'est élargi jusqu'à devenir le lit d'un torrent. Ce n'est qu'une image, mais elle nous apprend que le même phénomène se produit avec l'être humain. Chaque pensée, chaque sentiment est comme un sillon qu'il trace dans sa terre intérieure, et ce sillon, toutes les forces psychiques et spirituelles qui circulent dans l'espace contribuent aussi à le creuser, à l'élargir.

Aujourd'hui commence une nouvelle année... N'est-ce pas le moment de tracer consciemment un sillon dans votre âme ? Concentrez-vous sur une pensée divine, formulez un souhait divin, et vivez toute cette journée de telle sorte qu'il s'imprime en vous. Les puissances célestes seront alertées et elles viendront vous soutenir dans vos efforts. Chaque jour elles seront là pour vous dire : « Rappelle-toi, le premier jour de l'année tu as tracé un sillon, continue, creuse », et si vous les écoutez, si vous continuez patiemment votre travail, un jour vous vous sentirez traversé par un fleuve de lumière.

2 *janvier*

L'incarnation d'une âme est un processus de descente dans la matière au cours de laquelle elle oublie ce qu'elle a vécu en haut. C'est pourquoi, en arrivant sur la terre, l'âme n'a plus tellement conscience des engagements qu'elle a pu prendre vis-à-vis du monde divin avant de descendre. Mais les années passent. Au fur et à mesure du temps, elle se sent traversée par certaines sensations, certaines pensées et aspirations, de manière d'abord fugitive, puis de plus en plus précise. Cela se manifeste par une tendance à rechercher telle ou telle activité, à envisager telle ou telle profession. C'est ce que l'on appelle une vocation.

Ceux qui ont ainsi la sensation d'être appelés pour accomplir une tâche ou s'acquitter d'un devoir, n'ont pas à hésiter. Ils ne se diront peut-être pas explicitement qu'ils ont à remplir une mission qu'ils ont préalablement acceptée ; mais une puissance qui les dépasse fait en sorte que ce soit la seule voie où ils se sentent dans leur élément. Et quelles que soient les difficultés rencontrées sur leur route, ils ne doivent pas changer d'orientation.

3 janvier

Quand nous parlons de l'eau, nous pensons spontanément à ces étendues liquides que sont les rivières, les lacs, les mers… Mais, dans la nature, l'eau n'est pas nécessairement visible : elle est partout présente dans l'atmosphère sous forme d'humidité ; puis, en se condensant, elle devient vapeur, brume, nuages, brouillard, gouttes de pluie. Sous l'effet du froid, elle peut se solidifier et devenir glace. Et lorsqu'elle tombe du ciel, cela peut être non seulement des gouttes de pluie, mais aussi de légers flocons de neige ou des grêlons capables d'assommer les gens, de saccager les cultures et les toits des maisons.

L'eau est donc un élément aux aspects multiples. Par analogie, elle nous fait comprendre comment la matière originelle passe alternativement par différents états, plus denses ou plus subtils. Et de même, notre corps physique, notre âme et notre esprit sont des manifestations différentes d'une matière unique. Il n'existe aucune rupture réelle entre eux.

4 janvier

*L*a joie véritable n'a pour cause rien de visible ou de tangible. C'est une joie sans cause, que nous donne la seule sensation d'exister comme âme et comme esprit. Alors, au lieu d'attendre de posséder quelque chose ou quelqu'un pour vous réjouir, faites le contraire : réjouissez-vous de la simple existence des êtres et des choses car, dans cette joie qu'ils vous donnent, vous avez la sensation qu'ils vous appartiennent. Seul ce qui vous donne de la joie vous appartient, alors que ce qui vous appartient ne vous donne pas nécessairement beaucoup de joie.

Tout ce qui vous réjouit, vous le possédez vraiment, et beaucoup mieux que si vous en étiez le propriétaire. Quelle joie nous pouvons ressentir devant la beauté de la nature, le lever du soleil, le ciel étoilé ! Et pourtant ils ne sont pas matériellement à nous. Le plus important n'est donc pas la possession, mais la faculté de se réjouir.

5 janvier

*O*n ne sait jamais ce qui peut amener certains êtres à se dépasser, se surpasser. Quelquefois ils n'ont ni le courage, ni le pouvoir de faire quelque chose pour eux-mêmes, mais le désir d'aider quelqu'un d'autre, de le secourir déclenche une énergie qu'on ne soupçonnait pas.

Il y avait une fois une femme qui était paralysée. Depuis des années elle ne bougeait presque plus. Mais voilà qu'une nuit un incendie s'est déclaré dans la maison. Son enfant qui dormait dans une autre chambre était en danger et personne n'était là pour intervenir. Alors, soudain elle s'est dressée et elle est allée chercher l'enfant. En l'apprenant, les voisins n'arrivaient pas à le croire, et c'était pourtant vrai : son amour pour son enfant avait été plus fort que la paralysie. C'est pourquoi, aimez ! Votre amour vous donnera l'intelligence pour savoir ce que vous devez faire et la force de le réaliser. Vous trouvez que vous n'avez ni savoir ni pouvoir ? Aimez ! Le savoir et le pouvoir viendront.

6 janvier

Dans tout ce que nous entreprenons dans le domaine matériel ou spirituel, seuls comptent nos efforts. Le Ciel ne considère jamais les succès, mais seulement les efforts. Le succès, c'est lui qui en décide, car tout ce que nous faisons s'inscrit dans un ensemble et doit donc servir ses plans, être en accord avec eux ; et justement, il n'est peut-être pas prévu que nos projets se réalisent comme nous le souhaitons ! Seuls les efforts nous appartiennent ; la réussite, ce sont d'autres qui en décident.

Laissez donc les êtres d'en haut décider du moment où vos efforts seront couronnés de succès. Quoi qu'il arrive, vous devez vous dire : « Pour l'instant, c'est vrai, mon travail ne donne pas tellement de résultats visibles, tangibles, mais en réalité je sais qu'aujourd'hui, déjà, il porte des fruits. » Même si on ne les voit pas, il y a toujours des résultats dans les cœurs et dans les âmes. Rien ne reste inerte ou stagnant.

7 janvier

Quelle différence y a-t-il entre un matérialiste et un spiritualiste ? Pour prendre une image très simple, je vous dirai que le spiritualiste transporte partout sa maison avec lui, tandis que le matérialiste ne peut pas la déplacer. Oui, le spiritualiste, pour qui les véritables trésors sont intérieurs, emporte toujours avec lui son bagage de lumière, de paix, de joie, alors que le matérialiste ne peut pas aller et venir avec tout ce qu'il possède : il doit en laisser la plus grande partie sur place.

En réalité, l'être humain n'est riche que s'il a conscience de l'être. Si le spiritualiste n'est pas conscient de sa richesse, il est plus pauvre que tous les matérialistes. Mais s'il apprend à élargir sa conscience, il se sent en relation avec toutes les âmes évoluées de l'univers qui l'inspirent, qui lui donnent leur science, leur protection. Quelles richesses matérielles peuvent se comparer à cela ? Même les pierres précieuses et les diamants pâlissent devant le scintillement de tous ses trésors intérieurs.

8 janvier

*D*e certaines personnes habitées par la haine, la violence et l'esprit de destruction, on a dit que partout où elles passaient, l'herbe ne repoussait plus. C'est une image, mais elle n'est pas exagérée. Et d'autres êtres au contraire, qui sont habités par l'amour et la bonté, laissent partout sur leur passage des empreintes tellement bénéfiques que sans savoir pourquoi, ceux qui viennent auprès d'eux se sentent éclairés, réconfortés, vivifiés.

Que la connaissance de cette vérité vous inspire la volonté de vous manifester partout comme une présence bénéfique. Dans tous les endroits où vous vous trouvez, pendant quelques instants au moins, pensez à prononcer les souhaits les meilleurs : « Que tous ceux qui viendront ici soient touchés par la lumière ! Puisqu'ils sont tous des enfants de Dieu, qu'ils soient inspirés du désir de travailler pour la paix, pour la fraternité ! » Quand des êtres vous sont chers, est-ce qu'il est nécessaire de vous dire de souhaiter les meilleures choses pour eux ? Non, vous le faites spontanément, car vos sentiments vous y poussent. Alors, pourquoi ne pas penser spontanément à formuler aussi les meilleurs souhaits pour le monde entier ?

9 janvier

*L*e Seigneur ne veut qu'une chose pour ses créatures : qu'elles bénéficient le plus possible des richesses qu'Il leur a données. Et elles n'en bénéficieront vraiment que si elles apprennent à les Lui consacrer. Tout ce qui est consacré à Dieu est protégé par des esprits lumineux du monde invisible. Une faculté, un talent que vous consacrez à Dieu s'accroît, s'amplifie, tandis que s'il ne Lui est pas consacré, vous le perdrez. Même si, concrètement, vous le possédez encore, c'est comme si vous étiez déjà en train de le perdre, car intérieurement vous n'en bénéficiez pas autant que vous le pourriez.

Comprenez bien cela : on peut posséder de grandes richesses mais, en même temps, en être privé, parce qu'on ne les a pas consacrées pour assurer leur protection. Chaque jour, dans votre maison ou ailleurs, vous pensez à protéger des quantités d'objets sans importance ; alors, pourquoi oubliez-vous de protéger vos facultés et vos talents ? Consacrez-les au Seigneur : non seulement ils seront à l'abri, mais ils ne cesseront de croître en vous.

10 janvier

Il peut arriver que vous rencontriez un être par lequel vous vous sentez immédiatement attiré. Il est comme un vase rempli d'une essence précieuse qui vous plonge dans l'émerveillement ; il vous inspire, il élargit vos horizons et vous révèle les beautés du ciel et de la terre. Remerciez le Seigneur de l'avoir rencontré, et si vous voulez prolonger longtemps votre joie, essayez de garder quelque distance. Pourquoi ? Parce que l'espace qui sépare deux êtres, cet espace que l'on croit vide, est en réalité rempli d'essences subtiles qui sont les meilleures conductrices des énergies psychiques ; c'est grâce à cet espace que les échanges peuvent se réaliser dans l'harmonie et la lumière.

Tant qu'une certaine distance existe entre vous et l'être que vous aimez, vous avez la possibilité d'échanger des énergies et, grâce à elles, de vous renforcer l'un l'autre. Après chaque rencontre vous vous quitterez comblés, envahis d'un bonheur extraordinaire, parce que vous aurez su garder cette distance qui donne les meilleures conditions pour continuer à communiquer entre vous. Si vous écoutez bien ce conseil et tâchez de l'appliquer, vous ne serez jamais privé de rencontres heureuses dans votre vie ; et parce que vous saurez les apprécier, vous connaîtrez véritablement ce qu'est l'amour.

11 janvier

***L**a terre, l'eau, l'air, le feu, les quatre éléments sont gouvernés par des Anges, serviteurs de Dieu. C'est pourquoi nous pouvons demander au Seigneur de nous envoyer ces Anges afin qu'ils nous aident dans notre travail spirituel. Voici cette prière :

« Seigneur Dieu tout-puissant, Créateur du ciel et de la terre, Maître de l'univers, envoie-moi tes serviteurs, les Anges de la terre, de l'eau, de l'air et du feu, pour que je puisse travailler avec eux à la venue de ton Royaume et de ta Justice.

Que l'Ange de la terre absorbe les souillures de mon corps physique, afin que je devienne capable de réaliser ta volonté et d'exprimer ta splendeur !

Que l'Ange de l'eau lave mon cœur de toutes ses impuretés, afin qu'il devienne le réceptacle de ton amour infini !

Que l'Ange de l'air purifie mon intellect, afin qu'il brille de ta lumière et de ta sagesse !

Enfin, envoie-moi, Seigneur, l'Ange du feu, qu'il sanctifie mon âme et mon esprit, afin qu'ils deviennent les demeures de ta vérité ! »

12 janvier

*L*a plupart des humains sont habitués à prendre la vie comme elle vient, sans se douter que les événements sont une matière qu'il faut chercher à accommoder, comme on accommode la nourriture en la faisant cuire, en y ajoutant certains ingrédients : huile, vinaigre, sel, poivre, etc. Et on ne mange pas non plus les poissons tels qu'ils viennent d'être pêchés, ni les légumes tels qu'ils viennent d'être arrachés à la terre, n'est-ce pas ? La cuisine est donc l'art de rendre mangeables et même succulents toutes sortes de produits qui seraient indigestes ou insipides si on ne s'occupait pas de les nettoyer, de les faire cuire, de les assaisonner.

Il en est de même pour le bonheur. Le bonheur est le résultat d'une véritable cuisine intérieure. Les bons moments de l'existence ne viendront pas se présenter spontanément à vous, vous ne les cueillerez pas comme on cueille un fruit mûr sur l'arbre en passant. Vous devez apprendre à travailler sur chaque situation, et particulièrement sur les situations difficiles, douloureuses, en y ajoutant des éléments de votre esprit et de votre âme, inspirés par la sagesse et l'amour divins.

13 janvier

Quand ils ne peuvent plus supporter le présent, les humains se réfugient dans l'avenir. Mais ils n'y gagnent rien, car un jour ou l'autre ils seront bien obligés de se rendre à l'évidence : comme cet avenir imaginaire n'avait aucun fondement solide, c'est le vide qu'ils découvrent, et l'angoisse. Qu'ils commencent donc par bien vivre aujourd'hui : ils ont tellement de choses à goûter, à voir, à apprécier, à penser ! Mais pour vivre le moment présent, ils doivent apprendre à s'arrêter, à faire une pause, à ne plus se laisser emporter par la succession des événements et des états intérieurs que ces événements créent en eux.

Bien sûr, la vie n'est qu'un flux ininterrompu, mais il faut trouver le moyen de s'arrêter pour mettre un peu d'ordre en soi-même, pour s'accorder à des rythmes plus harmonieux. Et c'est en cela que la méditation est tellement nécessaire. Méditer, c'est ralentir la marche précipitée du temps, afin d'introduire en soi un rythme, une paix, une lumière qui laisseront longtemps leur empreinte.

14 janvier

*U*n repas est une cérémonie magique : la nourriture qui entre dans notre organisme va se transformer non seulement en santé, en force, mais aussi en amour et en lumière. Vous devez donc veiller à ne pas vous mettre à table dans n'importe quel état intérieur. Combien de fois vous avez pu constater que si vous mangez dans un état d'irritation, de trouble, pendant des heures ensuite vous n'arrivez plus à retrouver la paix ! Pourquoi ? Parce que par vos pensées et vos sentiments vous avez mal influencé la nourriture, et c'est elle ensuite qui entretient vos états négatifs.

Tout est sacré dans la vie, tout a un sens. Les Intelligences de la nature ont préparé la nourriture dans le but d'entretenir la vie en nous. Si vous y introduisez des vibrations nocives, vous paierez d'une façon ou d'une autre cette négligence et ce manque de respect. L'état intérieur dans lequel vous mangez s'enregistre quelque part dans votre organisme, et de cet état dépend votre santé physique et spirituelle.

15 janvier

*O*n peut comparer l'être humain à un livre, un livre qu'il est lui-même en train d'écrire. Et souvent, quels gribouillages, quel charabia ! Toutes les insanités, toutes les aberrations sont là… Et quand deux de ces livres se rencontrent et éprouvent de l'attraction l'un pour l'autre, ils sont jour et nuit occupés à se lire, mais qu'est-ce qu'ils apprennent de cette lecture ?

Les humains connaissent certainement beaucoup de choses, mais ils n'ont pas encore appris comment écrire leur propre livre. Ils ne se préoccupent que de créer à l'extérieur d'eux-mêmes : sculpter, modeler, dessiner, écrire… toujours à l'extérieur. L'intérieur reste un terrain en friche. Il est temps qu'ils apprennent à écrire leur propre livre. Alors, chaque fois qu'ils se rencontreront, ils seront émerveillés de pouvoir lire les uns sur les autres des mots, des phrases, des poèmes, des dessins sublimes : les qualités, les vertus, les dons que chacun aura travaillé à développer en lui.

16 janvier

« Au commencement Dieu créa le ciel et la terre. La terre était informe et vide ; il y avait des ténèbres à la surface de l'abîme et l'esprit de Dieu se mouvait au-dessus des eaux. » Que signifient ces premières lignes du livre de la Genèse ? Comme l'indiquent les mots « informe », « vide », « ténèbres », « abîme », l'univers d'avant la création était un espace inorganisé et obscur. Mais au-dessus de ce chaos planait l'esprit de Dieu. L'eau représente la matière cosmique originelle que l'esprit de Dieu, le feu primordial, a pénétrée pour la fertiliser. Contrairement à ce que l'on croit généralement, ce n'est pas l'élément terre qui exprime et manifeste le mieux les propriétés et les qualités de la matière : c'est l'eau, avec sa réceptivité, son adaptabilité, sa malléabilité.

L'eau est donc le symbole de la matière première qui a reçu les germes fertilisateurs de l'esprit. En fécondant la matière, l'esprit travaille sur elle, et au fur et à mesure qu'apparaissent de nouvelles créations il découvre ses pouvoirs, il parvient à se connaître. Alors, si vous me demandez pourquoi Dieu a créé l'univers, je vous répondrai :... pour Se connaître. La Kabbale enseigne que Dieu veut Se connaître à travers son reflet, et elle représente justement cette idée par une étendue d'eau où se reflète son visage.

17 janvier

Pour beaucoup de croyants il est difficile d'admettre que Dieu, qui est tout-puissant, ne se décide pas, enfin, à anéantir les esprits du mal qui viennent les tenter et les induire en erreur. Mais ce qu'ils ne savent pas, c'est que ces esprits ont aussi le droit de vivre. Dieu ne punira jamais les esprits du mal de chercher à égarer les humains. C'est à eux, les humains, de ne pas tomber dans leurs pièges ; c'est à eux d'être plus éclairés, plus forts ; c'est à eux de comprendre où est leur véritable intérêt, de se rendre compte pourquoi il vaut mieux prendre telle direction plutôt que telle autre et avoir la volonté de marcher dans cette direction.

Serait-il réellement avantageux pour l'être humain d'être poussé malgré lui sur la voie du bien, de la lumière, et de rester quoi qu'il fasse à l'abri des tentations et des chutes ?… Le Créateur et les esprits célestes le laissent chercher librement son chemin, pour qu'il développe sa conscience et apprenne à devenir responsable de ses orientations.

18 janvier

*L*es humains ne sont pas naturellement portés à entrer dans la situation les uns des autres, et c'est de là que proviennent tant d'erreurs de jugement, tant d'injustices et de cruautés. Au moment où vous allez vous prononcer sur une personne, que savez-vous de la situation dans laquelle elle se trouve ?… Alors, avant de la critiquer, de l'accuser, pour quelques minutes au moins faites l'effort de vous mettre à sa place : vous vous rendrez peut-être compte que, si vous étiez dans sa situation, vous vous conduiriez dix fois plus mal qu'elle.

Cela vaut la peine de chercher à entrer dans la situation des gens qui vous sont désagréables et que vous êtes toujours prêt à condamner. Quelques minutes seulement chaque jour de cet exercice, et vous gagnerez des qualités de patience, d'indulgence, de douceur, de générosité dont vous bénéficierez, et eux aussi.

19 janvier

*N*otre vie n'est qu'une succession d'échanges que nous faisons avec l'univers. La vie cosmique entre en nous et nous l'imprégnons de nos propres émanations, puis nous la renvoyons. À nouveau nous absorbons cette vie, et à nouveau nous la renvoyons. Les manifestations les plus évidentes de ces échanges sont la nutrition et la respiration. S'ils sont entravés, il s'ensuit l'affaiblissement, la maladie et la mort.

Mais les échanges que nous devons faire pour vivre ne se limitent pas à la nutrition et à la respiration. Ou plus exactement, ils consistent à se nourrir et à respirer aussi dans les différentes régions de l'univers pour alimenter nos corps subtils : les corps éthérique, astral, mental, causal, bouddhique, atmique.* Quand vous comprendrez comment il est possible de trouver dans l'univers la nourriture qui convient à vos différents corps, vous sentirez votre vie résonner comme une immense symphonie. Mais il faut d'abord commencer par rétablir les communications, afin que les courants d'énergies puissent circuler entre l'univers et vous. Et le rétablissement de ces communications ne peut se faire que par un travail de la pensée.

* Voir note et schéma, p. 394 et 395.

20 janvier

Soyez patient et vous vivrez longtemps. Vous direz : « Mais ce n'est pas possible, il faut dépenser tellement d'énergies pour supporter les situations et les gens difficiles ! » Non, au contraire. C'est dans l'impatience que vous gaspillez le plus d'énergies. Le calme et la patience renforcent la vitalité et prolongent la vie. Celui qui, après avoir explosé contre les gens ou les événements, s'exclame : « Ah ! je me sens mieux ! » ne se rend pas compte que ce « mieux » est en réalité une grande perte. Qu'il s'analyse pour savoir ce qui se sent mieux en lui : sa nature supérieure ou sa nature inférieure ? Et un moment après, en repensant à cette explosion, est-il vraiment content de lui ? Ne se dit-il pas qu'il aurait été préférable de pouvoir se maîtriser ?

Cherchez à expérimenter en vous l'efficacité de cette vertu, la patience. Plutôt que d'avoir recours à toutes sortes de sirops, potions, élixirs et autres breuvages, buvez de la patience ! C'est elle qui ranimera en vous les puissances de la vie… des puissances insoupçonnées.

21 janvier

*M*ême les mystiques ont avoué que la recherche de Dieu, de l'Absolu, est longue, décevante, et qu'ils avaient souvent l'impression de tâtonner dans le vide. C'est vrai, lorsqu'on cherche Dieu, on peut avoir l'impression de se débattre dans le vide ; mais ce n'est qu'une impression et il ne faut pas se décourager.

Prenons un exemple. Un homme creuse un puits pour avoir de l'eau et étancher sa soif. Il ne sait pas à quelle profondcur il va la découvrir, et dans cette incertitude il pourrait être tenté de renoncer. Mais il a l'image, le reflet de cette eau dans sa tête, dans son cœur, dans son âme. Il vit avec l'idée, la pensée, l'espoir de l'eau, et si cette eau ne jaillit pas encore physiquement, c'est en lui déjà qu'elle jaillit. De même, celui qui cherche Dieu, bien qu'en apparence il ne trouve rien, travaille avec une réalité très puissante qui vit en lui. Il peut se dire : « Bien sûr, je n'ai pas encore réellement trouvé Dieu, mais Il se manifeste à travers mes pensées, mes sentiments, mes désirs. » Et cette espérance, cette foi, c'est déjà Dieu…

22 *janvier*

Combien de gens s'intéressent à la science ésotérique sans s'y être préparés ! En faisant des citations prises par-ci par-là dans des livres auxquels ils ne comprennent pas grand-chose, ils sont fiers de passer pour des astrologues, des alchimistes, des mages, des kabbalistes… Mais les pauvres, ils ne se rendent pas compte que leur existence et tout leur être ne sont qu'un capharnaüm qui n'a aucun rapport avec l'astrologie, l'alchimie, la magie ou la Kabbale véritables. Il serait préférable qu'ils laissent toutes ces sciences tranquilles ! C'est dans la vie quotidienne qu'il faut d'abord montrer qu'on sait quelque chose.

En lisant des livres, bien sûr, on arrive toujours à acquérir des connaissances, et même à devenir très érudit. Mais ce n'est pas le vrai savoir. Le vrai savoir, c'est d'être capable de se maîtriser, de se libérer de ses faiblesses, de ne plus être éternellement la proie de tiraillements intérieurs. Celui qui possède le vrai savoir cherche à se manifester partout comme une présence lumineuse et bienfaisante. Et c'est après, seulement, que l'étude des sciences ésotériques lui apportera vraiment quelque chose.

23 janvier

*L*a question de l'optimisme et du pessimisme va beaucoup plus loin qu'on ne le pense en général. Seul celui qui recherche les biens spirituels peut être véritablement optimiste. Quant à celui qui se concentre sur les biens matériels, même s'il est d'abord plein d'espoir, il sera un jour ou l'autre obligé d'abandonner ses illusions.

Optimisme et pessimisme sous-entendent deux philosophies de la vie. Le pessimiste ne voit pas plus loin que les petites choses de la terre, tandis que l'optimiste ouvre son âme aux vastes étendues du ciel. Il sait que la prédestination de l'homme est de rejoindre un jour sa patrie céleste. Sur le chemin qui conduit à cette patrie, il rencontrera évidemment le mal sous toutes ses formes, il souffrira, il doutera de lui et des autres, il se découragera. Mais même dans les pires moments il ne sombrera pas, parce que dans son cœur, dans son âme, reste inscrite cette vérité que Dieu l'a créé à son image, et pour lui cette image de Dieu contient en puissance toutes les richesses, toutes les victoires.

24 janvier

Vous accomplissez une tâche difficile, vous remportez des succès, vous sortez victorieux d'une épreuve ? Tâchez de ne pas vous en glorifier, dites : « Ce n'est pas à moi, Seigneur, c'est à Toi qu'en revient le mérite ». Sinon vous risquez de tomber dans les pièges de l'orgueil. Et lorsque vous recevez des éloges, des félicitations, soyez vigilant, ne vous pressez pas d'avoir tellement bonne opinion de vous, mais répétez : « Ce n'est pas à moi, Seigneur, c'est à ton Nom qu'en revient la gloire. » Souvent, sans le savoir, sans le vouloir, les autres vous tendent des pièges : vous prenez leurs compliments tellement au sérieux que vous devenez prétentieux, vous vous croyez déjà arrivé au sommet, et c'est dangereux pour votre bon développement.

Nous devons travailler pour la gloire de Dieu, et si on nous donne des louanges, reportons ces louanges sur Lui : c'est ainsi que le côté impersonnel, désintéressé de notre être pourra se développer. Le Ciel nous juge d'après cette attitude afin de savoir pour qui nous travaillons. La véritable gloire de l'homme, c'est de glorifier le Seigneur.

25 *janvier*

*N*otre corps physique est composé d'un nombre incalculable de cellules, et chacune de ces cellules est une entité vivante, une très petite âme intelligente qui sait comment respirer, se nourrir, éliminer… Regardez comment travaillent les cellules de l'estomac, du foie, des organes sexuels, du cœur, du cerveau. Elles ont toutes leur spécialisation. Et notre intelligence est la somme des intelligences de toutes ces petites existences : nous dépendons d'elles et elles dépendent de nous, nous formons une unité.

L'être humain ne peut rien faire sans le consentement de ses cellules. Le jour où elles s'arrêtent de travailler, de contribuer au bon fonctionnement de son organisme, il ne peut plus respirer, se nourrir, éliminer, se mouvoir, penser. Et cela ne sert à rien de se révolter contre cette situation. Il doit donc comprendre qu'il est la synthèse de toutes ces petites âmes intelligentes qui vivent en lui, et qu'il a, chaque jour, à bien prendre soin d'elles.

26 janvier

Vous tenez un fruit un moment dans votre main : il reçoit votre chaleur et il se réchauffe. Alors, pourquoi votre amour ne pourrait-il pas aussi l'influencer ? Lorsque vous tenez un fruit avec amour, non seulement sa température s'élève légèrement, mais il reçoit aussi dans son aura la chaleur de votre cœur. De cette manière, vous adaptez le fruit à votre température intérieure et il est alors bien disposé envers vous.

Pensez-y : avant de manger un fruit, gardez-le un moment dans la main en lui demandant de s'ouvrir envers vous. Vous transformez ainsi sa matière éthérique et il vous apportera beaucoup plus que de l'énergie physique : il vous fera participer à sa vie, mais aussi à celle de toute la nature qui a travaillé à sa formation et lui a donné des couleurs, un parfum, une saveur.

27 janvier

On ne voit, en apparence, qu'injustices sur la terre. Les uns ont tout : santé, beauté, richesses, talents, vertus, et d'autres sont tellement démunis ! Mais en réalité, rien de ce que les humains ont reçu à la naissance ne leur a été donné de façon arbitraire : tout ce qu'ils possèdent aujourd'hui, ils ont travaillé dans le passé pour l'obtenir. Que ce soit les richesses matérielles, intellectuelles ou spirituelles, la Justice cosmique les leur a distribuées en récompense de leurs efforts.

Tout ce que nous possédons est la conséquence d'une vie d'efforts, mais cela ne nous est pas donné définitivement. Pour le conserver dans les prochaines incarnations, il faut apprendre à s'en servir raisonnablement et surtout à en faire bénéficier les autres. Tous les dons que nous avons reçus à la naissance, nous devons les faire fructifier, et justement, la meilleure façon de les faire fructifier, c'est de les utiliser pour aider aussi les autres en facilitant leur évolution.

28 janvier

Dès qu'elles abordent la vie spirituelle, la majorité des personnes ont une première difficulté à surmonter : elles n'arrivent pas à méditer, car elles ne savent pas se concentrer. Pourquoi ? D'abord, parce qu'elles n'ont pas appris à choisir les sujets de méditation, elles se lancent à l'aveuglette et sans méthode. La première règle est de choisir un sujet de nature spirituelle, et la deuxième, que ce sujet leur tienne à cœur. C'est l'amour que vous avez pour un être ou pour un objet qui vous attache à lui. Quand vous n'aimez pas, vous êtes, si l'on peut dire, comme un timbre-poste auquel il manque la colle : vous n'adhérez pas.

L'erreur des débutants, c'est de vouloir tout de suite se concentrer sur les questions métaphysiques les plus abstraites : la vérité, l'éternité, l'infini, l'Absolu, l'Être suprême… Commencez plutôt par choisir une image belle et pure que vous aimez, une image prise dans la nature ou dans l'art. Votre cerveau s'habituera ainsi à se concentrer, et peu à peu vous pourrez méditer sur des sujets plus éloignés de vous. Pour avoir des résultats dans la vie spirituelle, il faut savoir se servir de la force formidable de l'amour.

29 janvier

*L*es états psychiques négatifs comme le chagrin, la tristesse, le découragement, sont produits par des impuretés que vous avez laissées pénétrer en vous, et ils troublent votre organisme psychique, comme un poison ou d'autres substances toxiques peuvent troubler votre organisme physique. Mais en apprenant à utiliser les pouvoirs de l'eau, vous aurez les moyens de remédier à ces états.

Regardez l'eau couler, écoutez-la : que ce soit une source, un ruisseau, une cascade, l'eau qui coule libère le plexus solaire en entraînant les éléments obscurs et désharmonieux qui le perturbaient. Car l'eau qui coule est l'image du renouvellement perpétuel de la vie, et en la regardant vous êtes influencé. Évidemment, en ville, dans la vie quotidienne, il n'est pas facile de rencontrer des sources et des cascades, mais alors, ouvrez un moment le robinet ! C'est moins poétique, mais cela peut être aussi efficace. L'essentiel, c'est que vous entriez en contact avec l'eau qui coule. Pensez qu'elle emporte avec elle tout ce qui s'oppose au jaillissement de la vie en vous.

30 janvier

*L*a rencontre d'un mage, d'un Initié qui posera la main sur eux ou leur révélera un secret extraordinaire grâce auquel ils seront transformés instantanément, voilà l'idée que beaucoup de personnes se font de la vie spirituelle. C'est dommage, mais ce n'est pas ainsi que les choses se passent. La transformation des êtres n'est possible que par un travail individuel quotidien et assidu.

Quelqu'un vous dit : « Prenez cette formule magique, ce talisman, et vous aurez la santé (si vous êtes malade), la sérénité (si vous êtes angoissé), la force (si vous êtes faible)… » Sachez que ce sont là des mensonges d'une créature qui a intérêt à vous tromper. Au contraire, un véritable Initié vous dira : « Mes enfants, tout est possible, mais seulement si vous faites des efforts ; et à ce moment-là, ce que vous aurez obtenu sera tellement stable que personne ne pourra vous l'enlever. » Vous devez d'ailleurs savoir que tout ce que l'on obtient par des procédés magiques – et il est vrai qu'il en existe d'une certaine efficacité – ne peut jamais être définitif : peu de temps après, on perd tout ce que l'on croyait posséder. On conserve uniquement ce que l'on a obtenu du dedans par des efforts personnels. C'est une loi absolue.

31 janvier

*N*ous devons nous tourner avec confiance vers les Initiés, les grands Maîtres, tous ces êtres qui sont allés beaucoup plus loin que nous sur le chemin de l'évolution, car nous avons besoin d'eux pour être instruits et guidés. Il ne faut pas avoir peur qu'ils abusent de leur autorité en nous privant de notre liberté : ils n'ont aucune envie de nous garder pour eux-mêmes. Leur but est uniquement de nous mettre en relation avec un monde auquel nous ne pourrions pas avoir immédiatement accès par nos seules capacités. Des courants d'énergies pures circulent à travers ces êtres, ils sont comme des sources auxquelles nous pouvons boire en attendant d'être capables de nous abreuver directement à la Source cosmique.

Les bons parents savent qu'après avoir éduqué leurs enfants et veillé sur eux, ils doivent leur laisser la liberté et non les garder attachés à eux. De même un Maître spirituel sait qu'il doit préparer ses disciples pour leurs parents divins, c'est-à-dire pour les vrais parents de leur âme et de leur esprit : l'Âme universelle et l'Esprit cosmique.

1er février

*D*ans vos relations avec votre entourage, cherchez toujours la vie, la vie qui vous enrichira et vous embellira les uns les autres. Mais pour cela il ne faut être ni négligent ni paresseux, mais accepter de faire des exercices. Quels exercices ?

Vous avez chaque jour toutes sortes d'occasions d'être irrité par le comportement des autres ; la moindre contrariété, la moindre parole blessante prend des proportions gigantesques et vous n'arrivez pas à oublier. En revanche, si on est gentil, aimable avec vous, à peine si vous y faites attention : vous pensez que toutes les marques d'amitié et d'amour vous sont dues, et immédiatement vous les oubliez. Or, c'est là justement qu'il ne faut pas oublier. Vous devez amplifier même chaque bonne chose, en l'associant non seulement à tout ce qui vous est déjà arrivé de bon de la part des autres, mais aussi à tout ce qui existe de bon dans le monde. La véritable fraternité commence au moment où vous comprenez comment votre vie peut s'enrichir de la vie de tous.

2 *février*

Quelqu'un affirme fièrement : « Moi, j'ai des convictions et jamais je ne les abandonnerai, je les défendrai jusqu'au bout. » Et en effet, il bataille courageusement contre ceux qui ne sont pas de son avis. On ne peut pas reprocher aux gens d'avoir des convictions, mais ils devraient se demander parfois ce qu'elles valent et s'ils ne gagneraient pas à les réviser. Du point de vue de la sagesse, l'attitude de certains hommes et femmes de conviction est plutôt de l'orgueil, de l'entêtement ou de la bêtise, et les conséquences peuvent être terribles : le fanatisme, la cruauté.

La conviction n'est pas nécessairement une justification, elle n'empêche personne de commettre les pires erreurs : le fait d'être convaincu ne change pas une opinion erronée en vérité. « Mais alors, direz-vous, comment savoir ce que valent nos convictions ? » Si elles vous rendent meilleur, c'est-à-dire plus lucide, plus patient, plus généreux, plus ouvert aux autres, conservez-les. Mais si ce n'est pas le cas, vous n'avez pas de quoi être fier : tâchez de les réviser sévèrement.

3 février

*O*n peut comparer le monde spirituel à une immense boutique où vous recevez ce que vous demandez à condition d'avoir une certaine monnaie à donner en échange. Et la plus sûre des monnaies que l'on puisse présenter aux esprits célestes, c'est le travail impersonnel, le sacrifice. Le sacrifice est comme l'or, qui garde toujours sa valeur parce que le soleil le protège, exactement comme une banque nationale protège la monnaie d'un pays.

Chaque sacrifice que vous faites pour la défense et la manifestation de ce qui est bon et beau, pour que tous les êtres sur la terre puissent en bénéficier, remplit votre cœur et votre âme de cet or qui a cours dans les grands magasins cosmiques. C'est comme si le soleil vous marquait de son sceau. Et du jour où vous portez l'empreinte de ce sceau, vous êtes reconnu par les entités de la lumière. Elles disent : « Cet être est des nôtres, il porte le sceau du soleil, il est notre frère, donnons-lui ce qu'il demande. »

4 février

*A*u cours des siècles, les humains sont parvenus à s'imposer de plus en plus à la nature. Bien sûr, elle est patiente, la nature, mais quand elle sent que les humains s'obstinent à troubler l'ordre qui la régit, elle riposte, et ces ripostes, ils doivent les subir non seulement dans leur milieu ambiant, mais encore en eux-mêmes. Ils croient pouvoir se livrer impunément à toutes sortes d'abus, mais ils ne prévoient pas que ces désordres qu'ils créent dans la nature, ils les créent également dans leur organisme physique et dans leur organisme psychique. Et pourquoi n'arrivent-ils pas à s'accorder entre eux, pourquoi sont-ils toujours en conflit ? Là encore, c'est parce qu'ils ne respectent pas l'ordre des choses que le Créateur a établi dans la nature et en eux-mêmes.

Celui qui a appris à accorder son monde intérieur avec l'ordre voulu par le Créateur ne s'impose pas à la nature. Et il ne s'impose pas non plus aux humains, il ne pèse pas sur eux, il ne cherche pas à tirer d'eux des avantages personnels. Au contraire, autant qu'il le peut, il se met à leur service.

5 février

*V*ous avez médité longtemps et profondément, vous avez envoyé par la pensée de la lumière et de l'amour au monde entier ; puis, parce que vous avez besoin de prendre un peu d'exercice, vous sortez marcher dans les rues… Quand vous retournez chez vous, un moment après, vous ne pensez pas que votre passage a pu produire le moindre effet sur qui que ce soit. Pourtant, si vous étiez clairvoyant, vous verriez tout le bien que votre présence a pu faire à votre insu à des inconnus que vous avez croisés sur votre chemin. Certains qui ruminaient un projet malfaisant l'ont abandonné ; d'autres qui étaient tourmentés, découragés, ont retrouvé la paix et l'espoir.

Ne perdez jamais cette conscience qu'en avançant sur le chemin de la lumière et de l'amour désintéressé, vous pouvez agir favorablement sur toutes les créatures que vous rencontrez. Même s'il vous semble que vos pensées et vos sentiments n'ont aucune influence sur le milieu ambiant, il y a toujours quelque chose autour de vous qui s'éveille, qui bouge, qui reçoit une impulsion.

6 février

*V*ous avez fait du tort à quelqu'un et vous allez lui présenter des excuses. C'est très bien, mais cela ne suffit pas : vous devez encore réparer les dégâts. C'est de cette façon seulement que vous serez quitte. Dire à celui que vous avez lésé : « Je suis navré, pardonnez-moi… » c'est insuffisant, et la loi divine vous poursuivra jusqu'à ce que vous ayez réparé le mal que vous avez fait. Vous direz : « Mais si cette personne que j'ai lésée me pardonne ? » Non, la question n'est pas réglée si facilement, car la loi est une chose et la personne en est une autre. Même si la personne vous a pardonné, la loi, elle, vous poursuit jusqu'à ce que vous ayez réparé.

Évidemment, celui qui pardonne fait preuve de noblesse, de générosité, il se libère des tourments, des rancunes qui le maintenaient dans les régions inférieures du plan astral. Si Jésus nous demande de pardonner à nos ennemis, c'est pour que nous arrivions à nous libérer des pensées et des sentiments négatifs qui nous désagrègent. Mais le pardon ne règle pas la question : le pardon libère les victimes, ceux qui ont subi des préjudices, mais il ne libère pas les coupables, ceux qui ont commis les fautes. Pour se libérer, le coupable doit réparer.

7 février

Parce que l'être humain se manifeste à travers un seul corps, son corps physique, on a tendance à croire qu'il est habité par une seule entité, et pourtant l'existence quotidienne ne cesse de prouver le contraire. À tour de rôle des entités de différentes natures viennent se manifester à travers lui, et c'est pourquoi il peut apparaître successivement intelligent ou stupide, bienveillant ou cruel, généreux ou avare, modeste ou vaniteux, etc. Ce mélange d'éléments tellement disparates qui constituent chaque être humain reste une énigme même pour les philosophes et les psychologues. Et pourtant, cela s'explique très simplement : dans cette existence ou dans des existences antérieures, c'est l'être humain lui-même qui a attiré ces différentes entités.

Il ne faut donc pas s'étonner lorsqu'on voit quelqu'un manifester des tendances contradictoires. Et en ce qui vous concerne, vous devez vous observer attentivement pour bien discerner chaque fois quelle est l'entité qui parle ou qui agit à travers vous. Ce n'est pas parce qu'à certains moments vous avez su vous conduire avec bonté ou sagesse que vous êtes impeccable tout le reste du temps et que les autres doivent toujours vous approuver.

8 février

Ressentir est une chose et penser en est une autre, mais souvent la sensation déteint sur la pensée. Parfois, vous vous sentez épuisé, ce qui n'a rien d'anormal ; mais voilà que cette sensation déclenche en vous des pensées et des sentiments de découragement, de tristesse, de désespoir. Eh bien non, dans ces moments-là, c'est au contraire la pensée qui doit agir sur la sensation : même si elle ne peut pas la vaincre, elle doit être là comme une lumière, comme un phare au loin. La pensée vous dit que vous pouvez vous redresser ; alors, malgré votre lassitude et votre épuisement, c'est elle que vous devez croire et non vos sensations.

Il n'y a plus une goutte d'énergie dans votre réservoir ? Rappelez-vous que le réservoir cosmique est plein, et c'est là que vous devez aller puiser par la pensée. Car la pensée sert aussi à cela : à peine quelques gouttes puisées dans ce réservoir d'énergies, et la flamme de votre veilleuse qui était en train de s'éteindre brille à nouveau.

9 février

*M*ême les spécialistes de la nutrition n'insistent pas suffisamment sur la nécessité de bien mâcher la nourriture avant de l'avaler. La bouche est comme une petite cuisine : avant de laisser descendre la nourriture dans l'estomac, il faut la préparer un peu dans cette cuisine, la faire cuire, l'assaisonner avec un peu d'huile… c'est-à-dire de salive, et c'est le travail de certaines glandes, les glandes salivaires justement. Il est donc conseillé de mastiquer les aliments jusqu'à ce qu'ils deviennent presque liquides. Si on les avale sans les mâcher suffisamment, l'estomac qui les reçoit pour les transformer doit fournir un surcroît d'énergie.

Manger doit vous redonner de la vigueur. Pourquoi certaines personnes se sentent-elles fatiguées après les repas ? Parce qu'elles mangent mal. Quand on avale la nourriture sans l'avoir bien mâchée, elle est difficile à digérer, et comme l'organisme a beaucoup de peine à l'assimiler, on se sent fatigué.

10 février

*V*ous avez commis des erreurs, et intérieurement vous vous sentez condamné ?… Ou bien, même sans vous être rendu coupable d'aucune faute précise, vous souffrez beaucoup d'être encore si imparfait, si faible, si misérable ?… Même au plus profond de votre détresse, n'oubliez jamais que le Seigneur vous attend dans ses palais. Élancez-vous vers Lui, courez très vite pour échapper à tout ce qui peut vous empêcher d'accéder jusqu'à Lui.

Et qu'est-ce qui vous permet de courir très vite ? La prière. La prière intense, fervente. C'est elle qui vous fait sauter par-dessus tous les obstacles, franchir toutes les portes… Et quand vous parvenez dans la salle du festin où le Seigneur se réjouit au milieu de ses anges et des âmes des justes, Il dit aux gardiens prêts à chasser l'intrus : « Non, puisque son élan l'a projeté jusqu'ici, il a le droit de s'asseoir parmi nous, faites-lui une place. » Et tel que vous êtes, vous êtes accepté.

11 février

Parmi toutes les réalités visibles, la lumière est celle qui exprime le mieux le monde divin. Elle nous permet de voir, mais elle-même est insaisissable. C'est pourquoi on assimile souvent Dieu à la lumière. On dit que Dieu est lumière, mais quelle lumière ?... En réalité, nous ne connaissons pas la lumière ; ce que nous appelons ainsi dans le monde physique n'est encore que la matérialisation grossière d'une puissance située bien au-delà et qui a accepté de se manifester sous forme de radiations, de vibrations.

Dieu est donc encore bien au-delà de ce que la lumière peut nous révéler de Lui. Rien ne peut Le définir, rien ne peut nous donner une idée de Lui, excepté ce que nous parvenons à découvrir en nous lorsque nous nous mettons à son service. Mais à ce moment-là encore, même si nous pouvons dire ce que nous vivons, ce que nous ressentons, nous ne pouvons pas dire ce qu'Il est.

12 février

*L*e soir, au moment de vous endormir, abandonnez-vous entre les mains du Seigneur et dites : « Mon Dieu, je suis ton serviteur, je veux faire ta volonté. Dispose de moi. » Et le lendemain vérifiez si, dans vos pensées, vos sentiments et vos actes, c'est bien la volonté de Dieu et non celle de votre nature inférieure que vous êtes en train de faire. Car il ne suffit pas de vous mettre au service de Dieu le soir en paroles, et, le lendemain, de vous laisser aller à tous vos caprices.

Nous sommes venus sur la terre pour participer au travail de la création. Jésus disait : *« Mon Père travaille et moi aussi je travaille. »* Ce travail avec Dieu, pour Dieu, est le dernier mot de l'Initiation. Tout ce que nous donnons à Dieu, nous le haussons au niveau où Il se trouve Lui-même. Alors, Dieu répète notre geste, Il le réfléchit comme un miroir réfléchit un rayon de lumière : nous Lui avons tout donné, Il nous donne tout.

13 février

Chacun a une ou plusieurs faiblesses auxquelles il ne sait pas résister : il aime trop l'alcool, ou les femmes, il est poussé à calomnier les autres, à gaspiller son argent dans des achats inutiles, à se distraire alors qu'il devrait travailler, etc., les possibilités ne manquent pas ! Pour vaincre ces faiblesses, chacun doit chercher les signes qui lui annoncent la venue de la tentation. Qu'il s'analyse et cherche dans son passé les occasions où il s'est laissé entraîner. Il découvrira que ces signes sont toujours les mêmes et qu'ils sont un avertissement. Cela peut être une pensée, une sensation dans le plexus solaire, ou un malaise, ou une image qui se présente à lui, etc.

Il y a toujours des signes pour vous avertir que les tentations approchent ; ils sont différents suivant les personnes, et c'est donc à chacun de les chercher. Quand vous les aurez découverts, vous pourrez devenir maître de la situation car, dès leur apparition, vous saurez que vous devez vous montrer vigilant.

14 février

Quelle que soit la vie qu'il a menée, quelles que soient ses erreurs, quand vient le moment de quitter la terre, chacun peut au moins s'efforcer de partir dans un esprit de paix, d'harmonie, de réconciliation avec tous les êtres, et particulièrement avec Dieu, son Père céleste. Dans la religion chrétienne, c'est le sens de l'extrême-onction.

L'extrême-onction, ce sacrement que le prêtre administre au mourant, est fondé sur un vrai savoir : l'état intérieur dans lequel un être humain vit ses derniers moments détermine la voie qu'il va suivre dans l'autre monde, et il joue aussi un rôle important pour sa prochaine incarnation, donc pour son avenir lointain. L'extrême-onction est une possibilité donnée au chrétien de quitter la terre dans les meilleures conditions ; mais comme tous les sacrements il n'est pas indispensable en tant que rite. Il est destiné à aider les croyants qui le reçoivent. Mais même sans avoir reçu ce sacrement, chaque âme peut vivre ses derniers instants dans la lumière.

15 février

***P**ourquoi cette tendance générale à souligner les fautes des autres ? Pourquoi s'acharner sur des hommes et des femmes qui se débattent au milieu de tant de difficultés ? Le plus extraordinaire, c'est qu'en les critiquant, beaucoup croient faire preuve de lucidité, de sagesse, mais aussi d'amour. On dit « qui aime bien châtie bien », et le châtiment suit nécessairement la critique : on ne peut bien « châtier » quelqu'un que si on voit où il a mal agi. Non, dans de nombreux cas, l'amour ne consiste pas à critiquer, et la sagesse non plus, d'ailleurs. Aimer les êtres, c'est comprendre leurs difficultés et agir avec délicatesse afin d'alléger leurs souffrances. Or, la critique a plutôt tendance à égratigner, griffer, blesser. Souvent, ce n'est pas de l'amour, mais du carnage. Le véritable amour ne se tache pas de sang, il est grand et lumineux. Par lui, vous vous liez à Dieu, et Dieu vous conseille les meilleures méthodes pour agir avec les êtres.

Qu'est-ce qu'un bon critique ? Un bon jardinier qui sait tailler les arbres, les élaguer, les redresser, les débarrasser des chenilles et des insectes nuisibles. Il préserve ce qui est bon, et voilà bientôt des fleurs et des fruits magnifiques.

16 février

Sur tout ce que nous touchons, nous laissons des traces de ce que nous sommes. D'ailleurs, le fait que, d'après les empreintes digitales, on peut découvrir l'identité d'une personne, mais aussi que, dans le monde entier, on ne trouve pas deux empreintes identiques, prouve bien qu'une main exprime le caractère unique d'un être.

Tout ce qui passe par nos mains s'imprègne de nos fluides, de nos émanations, et transmet quelque chose de la quintessence de notre être. C'est pourquoi, quand vous faites un cadeau à quelqu'un, avec cet objet vous lui communiquez déjà quelque chose de vous. Celui qui mène une vie désordonnée imprègne l'objet qu'il offre d'ondes négatives. Même si cet objet est magnifique et de grand prix, celui qui le reçoit n'en retirera aucun bienfait. Vous êtes donc toujours plus important que l'objet que vous donnez, soyez-en conscient.

17 février

L'eau est une matérialisation du fluide cosmique qui remplit l'espace. Par la pensée nous pouvons entrer en relation avec ce fluide et nous purifier à son contact, car si l'eau nous lave dans le plan physique, dans le plan psychique elle possède exactement les mêmes propriétés. La première condition pour ce travail de purification est de prendre conscience qu'à travers l'eau que nous faisons couler sur nous, il est possible d'atteindre un élément de nature spirituelle…

Chaque jour, veillez à vous laver en faisant des gestes mesurés, harmonieux, afin que votre pensée puisse se dégager et se concentrer sur l'eau, sur sa fraîcheur, sa limpidité. C'est alors que cette eau touchera en vous des régions inconnues pour y introduire des transformations ; et non seulement vous vous sentirez allégé, purifié, mais votre cœur et votre intellect aussi seront nourris par des éléments subtils, vivifiants.

18 février

*L*e merveilleux est un besoin de l'âme humaine, et ce que l'on appelle l'irréel est en vérité tout à fait réel, plus réel que ce qu'on a l'habitude de considérer comme la réalité. Combien de personnes, si elles sont sincères, doivent reconnaître que les contes de fées les plongent, pour un moment au moins, dans une sorte de ravissement ! Pourquoi ? Parce que tout y est non seulement vivant, mais animé et doué de parole : les rochers, les fleurs, les arbres, les animaux… Et les forces de la nature y agissent souvent avec sagesse, et même parfois avec amour. Mais surtout, au-delà de leur naïveté apparente, ces contes décrivent des réalités de notre vie intérieure.

Lorsque, dans certaines circonstances très particulières, le subtil, l'irréel, le féerique fait irruption dans notre vie, nous nous sentons comme un arbre qui, arraché jadis à sa terre pour être transplanté dans un milieu hostile, retrouverait soudain sa forêt natale où il peut à nouveau s'enraciner et revivre.

19 février

*E*st-ce que l'homme est libre, ou bien est-il soumis au destin ? Cette question est discutée depuis des millénaires. L'erreur, c'est de croire que tous les individus ont à subir les mêmes lois. Ceux qui, comme les animaux, n'obéissent qu'à leurs impulsions purement instinctives, sont inévitablement soumis aux lois de la fatalité ; c'est leur nature même qui crée pour eux cette fatalité. Tandis que ceux qui ont acquis la maîtrise de leurs instincts, de leurs passions, échappent à la fatalité pour entrer sous la loi de la Providence, de la grâce, où ils connaissent la lumière et la liberté.

Il ne faut pas s'imaginer que tout le monde peut être libre ou que tout le monde doit subir un destin inexorable. Non, la liberté dépend du degré d'évolution. D'après sa façon de penser, de sentir et d'agir, l'être humain tombe sous le coup de la fatalité ou s'attire les bénédictions de la Providence. Donc, dans certains domaines, il est ligoté, il est soumis au destin, et dans d'autres il lui échappe, il est libre… jusqu'au jour où, après beaucoup de travail et d'efforts, il disposera pleinement de sa liberté.

20 *février*

*L*a raison pour laquelle les humains commettent tant d'erreurs de jugement et de conduite, et connaissent tant de souffrances, c'est qu'ils ne savent pas ce qu'ils sont venus faire sur cette terre. Ils viennent et ils s'en vont... D'où viennent-ils, et vers où repartent-ils, ils l'ignorent. À ces deux interrogations il y a une seule réponse : Dieu.

Nous sommes sortis de la Source divine et nous y retournerons un jour. Au cours de nos multiples incarnations, par quels chemins passerons-nous avant de retourner ? Cela dépend de nous. Dieu a prévu, pour les créatures que nous sommes, un destin exceptionnel. De temps à autre seulement, nous en avons une vision fugitive, et cette vision, nous devons nous y accrocher de toutes nos forces. Tout ce qui peut nous arriver sur le chemin du retour représente des étapes. Même si elles sont difficiles, douloureuses, ces étapes ne doivent jamais effacer ou nous faire oublier la vision de ce que nous serons quand nous retournerons dans le sein de l'Éternel, avec toutes les expériences que nous aurons faites, toutes les qualités et vertus que nous aurons acquises et développées.

21 *février*

*L*a jalousie est ce sentiment qu'éprouvent des hommes et des femmes quand ils sentent que l'être qu'ils voudraient garder exclusivement pour eux est en train de leur échapper. C'est toujours la cause de grandes souffrances et, même avec beaucoup d'efforts, il est très difficile de la vaincre. La seule méthode efficace est d'apprendre à transposer son amour dans les régions supérieures. Une femme qui aime un homme à cause de son élévation d'esprit, de ses qualités de cœur, de sa science, ne souhaite-t-elle pas que le plus de personnes possible le reconnaissent, l'apprécient et veuillent le rencontrer ? Si son amour s'adresse aux qualités intellectuelles, morales, spirituelles de cet homme, elle ne s'accroche pas à lui, à sa présence physique. Car ce qu'elle aime en lui est quelque chose de subtil, d'impalpable : rien ni personne ne peut le lui enlever. Et de même pour un homme vis-à-vis d'une femme.

Vous voulez échapper aux griffes de la jalousie ? Éduquez votre amour, élevez-le sur un plan supérieur. La jalousie est indissociablement attachée à l'amour sensuel. Tant que vous êtes physiquement attaché à un être, vous voudriez qu'il n'appartienne qu'à vous seul. Aimez-le spirituellement, et vous désirerez le présenter aux autres pour qu'ils apprécient aussi ses qualités et en bénéficient.

22 *février*

*A*u cœur de notre vie intérieure, au centre de nos pensées, nous devons mettre ce principe universel qui est à l'origine de toutes les religions : le soleil, et nous pénétrer de l'exemple qu'il nous donne chaque jour. Éclairer, chauffer et vivifier toutes les créatures sans exception, voilà ce que nous appelons « la religion solaire ». Avant même que les humains n'apparaissent sur la terre, le soleil était là, et depuis toujours il leur dit : « Élargissez votre conscience, libérez-vous de vos conceptions tellement étroites, faites comme moi : éclairez, chauffez, vivifiez, embrassez le monde entier grâce à votre intelligence et à votre amour. »

La religion solaire est la seule véritable religion. Elle nous enseigne comment devenir lumineux, chaleureux, vivifiants, c'est-à-dire comment travailler pour posséder intérieurement la sagesse qui éclaire et résout les problèmes, l'amour désintéressé qui embellit, encourage et console, la vie subtile, spirituelle qui rend actif, dynamique et audacieux afin de réaliser le Royaume de Dieu et sa Justice sur la terre. Celui qui essaie de s'opposer à elle ne fait qu'amoindrir et obscurcir la vie en lui.

23 février

Puisque les êtres humains sont vos frères et vos sœurs, cherchez comment les aider et leur manifester votre amour sans rien attendre en échange. En faisant cela, vous avez déjà la récompense : cette dilatation intérieure, cette chaleur qui vous comblent lorsque vous aimez. Voilà votre récompense, il n'en existe pas de plus grande dans la vie. Votre cœur devient alors comme une source d'eau vive.

Les humains attendent toujours d'être récompensés pour le bien qu'ils ont fait. Mais celui qui a compris le secret de l'amour n'attend rien. Il ne pense même pas qu'on puisse lui donner quoi que ce soit en retour, car il goûte déjà un bonheur que rien d'autre ne pourrait lui apporter. Comme il ne lui manque rien, il n'attend rien ; il nage dans la joie, il rayonne, et ainsi il gagne la confiance de quantités d'amis. Où trouverez-vous une plus grande récompense que celle-là ?

24 février

L'être humain ne s'exprime pas seulement par la parole. Pour celui qui sait les interpréter, les mouvements du visage et du corps de la personne en face de lui sont un langage clair, éloquent. On peut les comparer à des messages qu'elle ne cesse d'adresser aux habitants des mondes visibles et invisibles, à des signes secrets grâce auxquels elle entre en contact avec eux.

La parole est un moyen d'expression qu'il est possible de maîtriser : vous pouvez décider de parler ou de ne pas parler, et si vous parlez, vous pouvez cacher vos véritables pensées et vos véritables sentiments. Mais tous les gestes que vous faites inconsciemment avec les mains ou les pieds, les différentes positions du corps, les mouvements imperceptibles des différentes parties du visage (le front, les yeux, le nez, la bouche) sont presque incontrôlables. C'est par eux que vous exprimez la vérité de votre être. Et suivant que ces mouvements sont harmonieux ou non, vous entrez en relation avec des entités qui ont sur vous des influences bénéfiques ou maléfiques. Alors, soyez vigilant, en sachant que le moindre de vos mouvements intérieurs engage des êtres invisibles et que c'est avec eux que vous construisez votre avenir.

25 février

Il y a des animaux qu'il est facile de capturer après leur repas, car la digestion les rend somnolents. De la même façon, les humains, après certains repas, peuvent se laisser aller à une somnolence qui les expose à être capturés. Ces repas qu'ils prennent dans les plans astral et mental inférieurs leur sont offerts par des entités ténébreuses du monde invisible. Et quels repas ! C'est tout un défilé de mets et de vins qu'ils trouvent particulièrement succulents : la cupidité, l'ambition, la sensualité, la jalousie, la vengeance, la trahison, la haine…

Chaque jour des entités malfaisantes cherchent à tenter les humains avec ce genre de festins, pour les capturer et les vider de leurs énergies divines. Soyez donc vigilant, observez-vous. Tâchez de sentir combien ces énergies que Dieu a mises en vous sont précieuses et faites tous vos efforts pour les protéger et les augmenter.

26 février

*E*fforcez-vous de bien vivre aujourd'hui, car demain n'existe pas encore, et si vous vous inquiétez de lui, c'est comme si vous jetiez vos énergies dans le vide. Travaillez sur aujourd'hui car aujourd'hui ne mourra pas, il ne fera que se prolonger, et en se prolongeant il deviendra demain.

Jésus disait : *« Ne vous inquiétez pas du lendemain, car le lendemain aura soin de lui-même. »* Cette parole nous oblige à méditer sur l'idée de durée, de continuité. Celui qui fabrique une chaîne doit veiller à la solidité de chaque maillon, car si un seul maillon est fragile et casse, il ne sert à rien que tous les autres tiennent bon : l'ensemble est rompu. Nous devons donc vivre chaque jour selon les lois divines, afin de faire de ce jour un maillon solide et que la chaîne ne se rompe pas. Aujourd'hui est un nouveau maillon qui va s'ajouter aux autres, et c'est sur ce maillon que nous devons nous concentrer.

27 février

Qu'est-ce que notre corps ? La réunion d'éléments qui se trouvaient auparavant dans la terre, l'eau, l'air, le feu. Ils formaient jadis la matière d'autres corps qui, avec le temps, se sont décomposés. Et lorsque nous mangeons maintenant des fruits ou des légumes en disant : « Ça, c'est une poire ou une pastèque, ça c'est une laitue ou un concombre… » c'est vrai. Mais avant d'exister sous la forme et les couleurs que nous avons là sous les yeux, ces éléments ont appartenu à combien d'autres formes animées ou inanimées et sous combien d'autres couleurs !

Depuis l'origine du monde, ce sont toujours les mêmes éléments qui entrent dans la constitution des minéraux, des végétaux, des animaux et des humains. Quand le temps ou un accident les désintègre, ils retournent dans les grands ateliers de la nature pour y être transformés ; mais les éléments eux-mêmes qui les constituent restent éternellement neufs, purs et inoxydables. Peu importe que toutes les formes vivantes s'usent, moisissent, pourrissent et tombent en poussière : la nature les reprend dans ses ateliers et les redonne comme une nourriture fraîche à tous les êtres vivants, ou bien elle les utilise pour construire de nouveaux corps aux créatures. C'est la nature qui nous enseigne la loi du recyclage.

28 février

Prendre et donner… ces deux mots résument deux conceptions de la vie. On peut dire que matériellement, affectivement, mentalement, la majorité des humains pensent surtout à prendre : les situations, les événements, les êtres ne les intéressent vraiment que dans la mesure où ils auront là quelque chose à prendre. Il ne faut donc pas s'étonner s'il y a encore tant de guerres et de misères dans le monde.

Mais vous, si vous voulez vraiment qu'il reste quelque chose de bon de votre passage sur la terre, habituez-vous à donner. Regardez une source : les animaux viennent s'y désaltérer, auprès d'elle les plantes et les arbres poussent et les hommes construisent leurs demeures. Pourquoi ? Parce qu'elle ne cesse de donner à tous son eau pure. La source nous apprend qu'il existe une seule véritable méthode pour créer et entretenir la vie, c'est de donner, donner ce que nous avons de meilleur dans notre cœur et dans notre âme. Vous direz : « Mais pourquoi toujours donner ? Tellement de gens sont ingrats ! Ils ne reconnaissent même pas ce qu'on leur donne. » Eh bien, tant pis pour eux s'ils sont ingrats : ils resteront pauvres ; et tant mieux pour vous si vous êtes une source abondante : c'est vous qui serez riche !

29 février

Il peut arriver que nous nous sentions projetés dans le Ciel au moment où nous nous y attendons le moins. Évidemment, nous souhaiterions rester là-haut pour toujours, mais ce n'est pas possible, tant de choses nous retiennent encore attachés au monde d'en bas ! Si le Ciel nous accorde cette grâce, c'est pour que nous ayons le pressentiment, l'intuition de cet espace de lumière où nous sommes destinés à aller vivre un jour. Ces joies soudaines que nous ressentons parfois sont l'annonce d'une libération à venir.

En automne, quand les arbres commencent à perdre leurs feuilles, vous savez que l'hiver approche ; et en hiver, quand les perce-neige commencent à éclore, ils annoncent l'arrivée du printemps. Dans notre âme aussi, comme dans la nature, apparaissent des signes avant-coureurs, et nous devons apprendre à les reconnaître et à les déchiffrer.

1er mars

*L*ong et difficile est le chemin de celui qui s'engage dans la vie spirituelle. Mais son travail peut se résumer en quelques mots : au lieu de laisser sa nature inférieure, instinctive, animale, prendre le dessus pour l'asservir et le chasser sans cesse du Paradis, il s'efforce de toujours donner le dernier mot à l'esprit, de se soumettre aux lois de l'esprit, afin que les puissances de l'éternité viennent régner en lui.

Le spiritualiste travaille ainsi à introduire dans son existence quotidienne des éléments subtils, des quintessences qu'il possède dans la partie la plus élevée de son être. Par ses pensées, ses sentiments, sa foi, ses efforts, il entretient l'étincelle enfouie en lui ; il ajoute au déroulement ordinaire des événements quelque chose qui jaillit, qui rayonne, et où se manifeste la présence du monde divin.

2 mars

*O*n ne peut rien trouver extérieurement si on ne l'a pas au préalable trouvé intérieurement, c'est une loi. Oui, quoi que l'on rencontre extérieurement, si on ne le possède pas déjà intérieurement, on passera à côté sans le voir. Plus vous prenez intérieurement conscience de ce qu'est la vraie beauté, plus vous la découvrirez autour de vous. Vous pensez sans doute que si vous ne la voyez pas, c'est qu'elle ne s'y trouve pas. Vous vous trompez, elle s'y trouve bien, et si vous ne la voyez pas, c'est que certains organes de perception en vous ne sont pas encore suffisamment développés.

Commencez par chercher à saisir la beauté intérieurement et vous la verrez extérieurement aussi, car votre vision du monde extérieur, objectif, n'est rien d'autre qu'un reflet de votre monde intérieur, de votre monde subjectif. Que ce soit la beauté, l'amour, la sagesse, il est presque inutile de les chercher à l'extérieur si on n'a pas commencé par les découvrir en soi-même.

3 mars

Parce qu'ils captent les courants venus de l'espace, les sommets des montagnes jouent le rôle d'antennes : ils mettent la terre en communication avec le ciel. À l'époque où les neiges et les glaces commencent à fondre, les eaux qui coulent en surface ainsi que les eaux qui s'infiltrent sous terre et traversent les différentes couches du sol, sont imprégnées par les fluides du ciel, des courants d'énergies pures. Les esprits de la nature, qui sont attirés par ces courants d'énergies, visitent souvent les sommets des montagnes ; ils se baignent dans ces effluves pour se renforcer, se régénérer, puis ils repartent continuer leur travail à travers le monde.

Les sommets des montagnes sont comme des bouches qui absorbent et transforment les forces cosmiques ; et les cours d'eau sont les voies de communication qui les relient aux plaines et aux vallées. C'est pourquoi, quand vous contemplez une montagne, faites-le avec la conscience qu'elle est un transformateur de l'énergie cosmique. Pensez que toutes les eaux qui descendent sur ses pentes sont imprégnées de cette vie, dont elles vont ensuite abreuver les différents règnes de la nature.

4 mars

*D*evant une désillusion, un échec, un accident, il vous arrive de penser : « Oui, bien sûr, quelque chose m'avait bien prévenu. C'était comme une voix en moi, mais si faible, si faible !... » Et vous n'avez pas écouté cette voix qui voulait vous mettre en garde, vous avez préféré suivre des voix qui vous parlaient très souvent et très fort pour vous induire en erreur.

Cette voix que vous n'avez pas voulu entendre était celle du Ciel qui parle doucement et sans insistance. Il dit les choses une fois, deux fois, trois fois, puis il se tait, et tant pis pour vous si vous lui avez fermé vos oreilles. Oui, la voix du Ciel est toujours extrêmement douce, mélodieuse et brève. L'intuition n'insiste pas davantage. Et si vous n'êtes pas attentif, si vous ne discernez pas cette voix, parce que seul le tintamarre de vos désirs et de vos convoitises retient votre attention, quand vous découvrirez que vous vous êtes égaré, ne vous plaignez pas.

5 mars

*V*ous souhaitez vous débarrasser d'une mauvaise habitude… Vous devez d'abord savoir qu'une habitude consiste en un cliché qui s'est imprimé sur vos corps subtils. Une fois imprimé, il se reproduit à l'infini. C'est pourquoi, même si ensuite on regrette de s'être encore laissé entraîner, cela ne sert pas à grand-chose : on commet à nouveau la faute, puis à nouveau on la regrette. C'est un enchaînement sans fin de fautes et de remords. Car le remords a lui aussi inscrit son cliché ; c'est pourquoi il revient chaque fois après la faute, mais il n'aide pas à la corriger.

Et que faut-il faire alors ? Recouvrir le premier cliché, c'est-à-dire remplacer les mauvaises habitudes en s'appliquant, peu à peu, et consciemment, à nourrir de meilleures pensées, de meilleurs sentiments, et surtout un meilleur comportement. Ce sont là autant de nouveaux enregistrements, de nouveaux clichés qui arriveront à neutraliser les anciens. Ils ne les effaceront pas, car dans la nature rien ne s'efface, mais ils les recouvriront et c'est eux désormais qui agiront.

6 mars

À ceux qui se demandent s'ils doivent vivre dans la chasteté, la continence, on ne peut faire qu'une réponse : tout dépend de leur nature profonde et du but qu'ils ont dans la vie. La continence peut donner de très bons résultats, mais aussi de très mauvais : elle peut rendre les uns hystériques, névrosés, malades, et d'autres au contraire forts, équilibrés et bien portants.

Ceux qui donnent satisfaction à leurs instincts sexuels ont-ils raison ? S'il n'existe rien de plus important pour eux dans la vie que ce plaisir et s'ils sont incapables de s'en passer, ils ont raison. Mais pour celui qui a de véritables aspirations spirituelles, c'est autre chose : tant qu'il n'apprendra pas à maîtriser la force sexuelle, il n'arrivera pas à répondre aux besoins de son âme et il se sentira toujours insatisfait. Dans ce domaine, comme dans beaucoup d'autres d'ailleurs, tout dépend de l'idéal, des aspirations profondes des êtres.

7 mars

On est étonné de voir le nombre de gens qui se croient investis d'une mission grandiose. D'après eux, Dieu les a choisis pour sauver leur pays, ou même la terre entière, combattre les hérétiques, etc. Eh oui, malheureusement, pour les missions imaginaires beaucoup sont prêts, tandis que pour leur véritable mission il y a beaucoup moins de candidats.

Vous demanderez : « Et quelle est cette véritable mission ? » Celle que Jésus a donnée à tous les humains quand il a dit : *« Soyez parfaits comme votre Père céleste est parfait. »* Oui, ce n'est pas seulement les chrétiens, mais tous les hommes et les femmes sur la terre qui ont cette mission à remplir. Travailler sur eux-mêmes en ayant devant les yeux ce but lointain, la perfection de leur Père céleste, c'est aussi une mission grandiose, mais elle exige en même temps une immense modestie. Comme dans une seule existence ils n'y arriveront évidemment pas, ils devront se réincarner pour continuer ce travail. C'est ainsi que le Royaume de Dieu peut venir un jour sur la terre : par le travail patient, soutenu, que tous les humains décideront d'entreprendre sur eux-mêmes, et non par les initiatives de quelques-uns qui s'imaginent que le Ciel leur a confié une mission spéciale.

8 mars

Quelqu'un dit : « Je suis heureux, parce que… » Eh bien, le seul fait de donner une cause à son bonheur prouve qu'il ne possède pas le bonheur véritable ! Car le véritable bonheur est un bonheur sans cause. Oui, vous êtes heureux et vous ne savez même pas pourquoi. Vous trouvez qu'il est merveilleux de vivre, de respirer, de manger, de parler, de marcher… Rien ne vous est arrivé, ni succès, ni cadeaux, ni héritage, ni un nouvel amour… Ce qui vous rend heureux, c'est (oui, car il y a quand même une raison) cette sensation que quelque chose venu d'en haut s'ajoute à tout ce que vous faites, un élément spirituel qui ne dépend même pas de vous… Comme une eau qui coule du Ciel et qui vous traverse.

Pour la majorité des humains le bonheur est lié à des possessions : des maisons, de l'argent, des décorations, la gloire… ou bien un mari, une femme, des enfants. Non, le vrai bonheur ne dépend d'aucun objet, d'aucune possession, d'aucun être ; il vient d'en haut et vous êtes étonné de découvrir en vous-même, sans arrêt, cet état de conscience supérieur. Vous vous réjouissez et vous ne savez même pas pourquoi. Voilà le vrai bonheur.

9 mars

*V*ouloir combattre la religion au nom de l'objectivité, de la science, de la raison, est une entreprise vouée d'avance à l'échec. On ne peut pas plus supprimer le sentiment religieux qu'on ne peut supprimer les autres sentiments, car c'est là un domaine où la seule raison n'a pas sa place.

Le sens du sacré, ce besoin qu'éprouve l'être humain de se sentir relié à un monde supérieur, le monde divin dans lequel il a son origine, est inscrit dans sa structure même. On peut essayer de le nier, de le combattre, d'en extirper les racines, et pendant un moment il arrive même qu'on y réussisse. Mais ces succès ne durent pas, et tôt ou tard on est aussi obligé de constater tous les dégâts qu'une telle entreprise a produits, non seulement sur les individus, mais aussi dans les sociétés.

10 mars

*A*vant d'exercer son autorité sur les autres, il faut commencer par un travail sur soi-même. Quand un être qui a tout d'abord travaillé sur ses propres enfants (les cellules de son organisme) doit s'occuper d'autres enfants, à l'extérieur, en tant que parent, enseignant, etc., ou même exercer des responsabilités qui lui donnent de l'autorité sur des adultes, ses paroles, ses gestes les impressionnent par leur accent d'authenticité. Ceux qu'il instruit, éduque ou dirige sentent qu'il ne joue pas un rôle, mais qu'il est tout entier dans ce qu'il dit comme dans ce qu'il fait. C'est pourquoi sa présence est magique et il obtient des résultats. Ses habitants au-dedans de lui le soutiennent et lui donnent des forces, parce qu'il s'est habitué depuis longtemps à travailler dans une direction unique : le bien, la lumière.

Un être n'a de véritable autorité que lorsque toutes ses cellules dégagent quelque chose d'unifié, d'harmonisé. Sinon, tandis que la partie qui parle fait entendre un certain son, tout le reste de la personne crie le contraire, et les autres, qui le sentent, ne peuvent pas le prendre au sérieux.

11 mars

Si les humains pensaient à protéger leur vie, à la conserver dans la plus grande pureté, ils auraient tellement plus de possibilités pour réaliser leurs aspirations ! Car c'est la vie illuminée, éclairée, qui est la source de toutes les richesses. Malheureusement, très peu connaissent cette vérité. Ce que beaucoup appellent « vivre » n'est en réalité qu'un éparpillement, un gaspillage de leurs énergies, et quand ils se retrouvent complètement épuisés, sans plus de goût ni de forces pour entreprendre quoi que ce soit, ils ne comprennent pas et ils se plaignent. Qu'ils reconnaissent plutôt leurs erreurs et décident de se conduire plus intelligemment à l'avenir.

Si les humains ont besoin d'une science, la seule, la vraie, c'est bien celle-ci : comment garder leur vie pure et lumineuse. Qu'ils n'oublient jamais que la qualité de leurs pensées et de leurs sentiments agit sur leurs réserves d'énergies, sur la quintessence de leur être. Et la meilleure façon de préserver et d'enrichir sa vie est de la mettre au service du monde divin.

12 mars

*S*i vous avez les qualités nécessaires, rien ne vous empêche de vous imposer aux humains et de les impressionner par votre savoir, votre autorité. Mais devant le Seigneur, vous devez au contraire vous effacer, jusqu'à vous fondre en Lui pour ne faire qu'un avec Lui. En devenant petit devant le Seigneur jusqu'à disparaître, en réalité vous devenez grand et puissant, tandis que si vous vous dressez en face de Lui, vous vous affaiblissez et vous n'êtes bientôt plus rien.

Qu'est-ce qui en vous doit se diminuer devant le Seigneur ? Votre nature inférieure. C'est elle qui doit disparaître en tant qu'élément séparé du Tout, afin que par votre nature supérieure vous puissiez vivre la vie illimitée de ce Tout. Alors, ce n'est plus vous qui vivez, mais le Seigneur qui vit en vous. Le but de toute discipline spirituelle est que l'homme se connaisse un jour comme étant Dieu Lui-même, et c'est là le sens de cette formule du Jnani-yoga : « Moi, c'est Lui ».

13 mars

Combien de fois vous hésitez à manifester votre bonté en vous disant que personne n'appréciera votre geste : les humains sont ingrats et même méchants, ça ne vaut donc pas la peine de chercher à faire quelque chose pour eux. Eh bien, voilà une façon de penser très pernicieuse, car elle vous paralyse dans ce que vous avez de meilleur.

Vous avez fait du bien à quelqu'un et non seulement vous n'en avez pas été récompensé, mais vous avez même été trompé ? C'est possible. Mais votre conduite n'a pas à dépendre de l'attitude des autres. Faites le bien et n'attendez rien, comptez seulement sur Celui qui voit tout, qui sait tout. Lui seul peut apprécier vos actions bonnes et généreuses. C'est donc de Lui que viendra la récompense, et sous une forme différente que celle que vous attendiez. Vous serez peut-être en meilleure santé, plus fort, plus sage, plus heureux : n'est-ce pas la meilleure récompense ?

14 mars

Cherchez à rétablir chaque jour le contact avec la Source divine afin d'alimenter votre propre source, celle qui coule en vous. Faites d'abord descendre l'eau céleste dans votre cœur, par l'amour, car c'est par l'amour que le cœur se purifie. Faites-la ensuite descendre dans votre intellect, comme lumière. Grâce à cette lumière, vous éviterez les pièges et les obstacles, vous discernerez la voie à suivre et vous avancerez sur cette voie. Lorsqu'elle pénétrera dans votre âme, cette eau céleste la dilatera aux dimensions de l'univers : vous porterez toutes les créatures en vous, vous vous fondrez dans l'immensité.

Et quand vous serez parvenu à faire couler cette eau dans votre cœur, dans votre intellect et dans votre âme, elle rejoindra la Source primordiale, votre esprit. Vous vivrez alors véritablement la vie divine, cette vie divine qui est toute-puissance.

15 mars

*P*arfois, sans savoir pourquoi, vous ressentez subitement une joie ou un chagrin. Il y a plusieurs explications possibles à cela, mais je vous en donnerai une à laquelle vous n'avez certainement pas pensé. Il vous est sans doute arrivé de rencontrer dans la rue un passant ou une passante dont le visage a attiré votre regard et à qui vous avez spontanément envoyé une pensée, un rayon d'amour… Cette personne ne s'est même pas rendu compte que vous l'avez regardée, mais elle a reçu ce que vous lui avez donné de bon à travers vos yeux et elle en a ressenti les effets. Lorsque vous ressentez subitement une joie, c'est peut-être qu'une entité du monde invisible en passant vous a regardé en projetant son amour sur vous, et votre cœur a été touché. Partout, où que nous soyons, nous nous trouvons au milieu d'une foule d'êtres visibles et invisibles, et nous recevons tantôt de bonnes choses, tantôt de mauvaises, ce qui explique beaucoup de nos différents états.

Le soleil, qui nous regarde chaque jour, nous envoie lui aussi des ondes vivifiantes. Et parce qu'il est une image de Dieu, notre soleil spirituel, nous devons devenir conscients qu'à travers lui, c'est Dieu qui nous regarde. Aimer Dieu, c'est se présenter chaque jour devant Lui pour recevoir son regard.

16 mars

*A*imez le Créateur, Celui qui est à l'origine de toute vie, et vous Le sentirez se manifester à travers chaque créature. C'est Lui, l'Unique, que vous aimerez en elles, c'est Lui, le seul qui comblera les aspirations de votre cœur et de votre âme. Tant d'hommes et de femmes dans l'histoire, dont on rapporte les aventures amoureuses, ont eu des destinées tragiques parce qu'ils n'avaient pas compris cette vérité !

Les êtres de chair et d'os que vous prétendez aimer et rechercher ne sont que des intermédiaires, des conducteurs destinés à transmettre les énergies divines, et si vous voulez continuer à les aimer, pensez à rétablir chaque jour le contact avec le monde d'en haut. Vous n'avez pas à vous soucier de savoir qui vous allez aimer ni par qui vous serez aimé. Aimez Dieu d'abord, et Il se présentera à vous, Il vous sourira et vous comblera de joie à travers ses créatures. Vous les aimerez et vous serez aimé d'elles, parce que vous aimerez en elles la Divinité qui les habite, et elles aussi découvriront la Divinité à travers vous.

17 mars

L'instinct de création est profondément enraciné dans l'être humain. Mais s'il n'a pas développé les facultés qui lui permettent d'entrer en contact avec les mondes supérieurs, ses œuvres ne seront que des copies, des reproductions, et non des créations véritables. Exactement comme lorsque les pères et les mères reproduisent leurs propres faiblesses et déficiences chez leurs enfants : même s'ils appellent cela création, en réalité ce n'est qu'une reproduction.

La vraie création fait appel à des éléments de nature spirituelle. L'artiste qui veut créer doit se dépasser, se surpasser, c'est-à-dire que par la prière, par la méditation, la contemplation, il doit s'élever jusqu'aux régions célestes pour y capter des éléments qu'il utilisera dans son travail. C'est à cette condition que ses œuvres dépasseront son niveau de conscience ordinaire et mériteront vraiment le nom de « créations ».

18 mars

*D*ès l'approche du printemps, on sent toute une vie qui s'éveille : les fleurs, les arbres, les oiseaux… Dans la nature, c'est une nouvelle vague qui déferle. Voilà un des phénomènes les plus extraordinaires : le renouveau. Chaque année tout se renouvelle… sauf les humains ! Les humains, eux, restent les mêmes, ils ne pensent pas à se mettre à l'unisson de ce renouveau, on dirait qu'ils sont barricadés. Pourquoi ne font-ils pas l'effort de s'ouvrir, d'ouvrir en eux les portes et les fenêtres pour que cette vie puisse les pénétrer, les imprégner ? Certains diront : « Mais pour nous, c'est fini, nous sommes vieux. Le printemps, c'est pour la jeunesse. » En raisonnant ainsi, ils se coupent des sources de la vie et ils vieilliront de plus en plus vite.

Tous doivent marcher avec le renouveau, il n'y a pas de distinction entre les jeunes et les vieux. Est-ce que vous avez entendu de vieux arbres dire : « Oh ! nous, vous savez, on a déjà passé l'âge de fleurir et de reverdir, on laisse ça aux jeunes, maintenant » ? Non, eux aussi au printemps se couvrent de feuilles et de fleurs. Donc, même les vieilles grands-mères, même les vieux grands-pères doivent entrer dans la ronde du printemps, trotter, sauter, danser – au moins symboliquement – et ils iront mieux.

19 mars

*B*eaucoup de déceptions attendent tous ceux qui s'imaginent qu'en s'engageant dans la voie de la spiritualité ils seront rapidement délivrés de tous leurs maux. Ils sont sur la bonne voie, mais être sur la bonne voie ne signifie pas qu'on est arrivé au but. D'un côté, c'est vrai, certaines sortes de souffrances disparaissent au fur et à mesure qu'ils font l'effort de se purifier et de vivre en harmonie avec le monde de la lumière. Mais, d'un autre côté, les conséquences des transgressions qu'ils ont commises dans cette vie ou dans des vies antérieures, ne seront pas tout de suite effacées. Qu'ils ne s'étonnent donc pas si, malgré la nouvelle orientation qu'ils ont prise, certaines souffrances ne les quittent pas encore.

Pour simplifier, on peut dire que les bonnes actions des humains s'accumulent dans un réservoir et leurs mauvaises actions dans un autre : pour leurs mauvaises actions ils doivent être sanctionnés, et pour leurs bonnes actions ils sont récompensés. Quelle que soit leur orientation actuelle, ils passent donc par des événements et des états psychiques ou physiques qui sont les conséquences plus ou moins lointaines de leur conduite passée.

20 mars

*B*ien que plantés dans le même sol et bénéficiant des mêmes conditions de température, d'humidité, et des mêmes soins, certains arbres produisent des fleurs aux couleurs chatoyantes, aux parfums exquis, aux fruits délicieux, tandis que d'autres ne donnent que des fleurs ternes, inodores, et des fruits immangeables. On peut faire les mêmes observations pour les humains. C'est pourquoi lorsqu'on prétend que c'est la famille, la société, les événements qui déterminent leur destinée, leurs succès ou leurs échecs, leur élévation ou leur chute, cela n'est vrai qu'en partie.

En réalité, ce que vivra chacun dépend avant tout de la nature de la « graine » ou du « noyau » qu'il représente, c'est-à-dire de sa façon de penser, de sentir les événements, de les assimiler, et même d'agir sur eux et de les transformer. Donc, si vous vous trouvez dans des conditions difficiles, au lieu de vous plaindre et d'en réclamer de meilleures, commencez par travailler sur vous-même. Creusez profondément : vous trouverez en vous des puissances, des vertus grâce auxquelles vous donnerez les fruits les plus succulents.

21 mars

*A*u cours d'une année, le soleil passe par quatre points cardinaux appelés solstices et équinoxes, et chacun marque le début d'une saison. Ces quatre points cardinaux sont comme des nœuds de forces cosmiques et, à ces périodes-là, de nouvelles énergies se déversent dans l'univers. Mais ce n'est pas parce qu'il se répète régulièrement chaque année que le renouvellement de ces forces se fait automatiquement, mécaniquement. Non, tous ces changements sont produits par le travail d'entités qui ont la charge de s'occuper des pierres, des plantes, des animaux et des humains. Ainsi, chaque saison est placée sous l'influence d'un archange : Raphaël préside au printemps, Ouriel à l'été, Mikhaël à l'automne et Gabriel à l'hiver.

C'est donc l'archange Raphaël qui règne sur le printemps. Il est à la tête de myriades d'esprits avec lesquels il travaille à la régénération et à la croissance de la végétation. Dès le commencement du printemps, vous pouvez donc vous lier à l'archange Raphaël : demandez-lui de vous rendre réceptif aux vertus cachées des arbres, des herbes et des fleurs, afin que la nouvelle vie puisse circuler aussi en vous.

22 *mars*

Un jeune garçon a mis entre les pages d'un livre la fleur que lui a donnée son amie. Bien sûr, très peu de temps après, les pétales sont fanés, décolorés, mais qu'importe ? Chaque fois qu'il regarde cette fleur, il lui semble que sa bien-aimée lui sourit et lui dit mille choses à travers elle. Il met cette fleur contre son cœur, il y pose ses lèvres, elle est comme un talisman qui lui ouvre les portes du ciel, et il est rempli de joie, il se sent inspiré, il devient poète. Mais le temps passe, et voilà que les relations avec cette jeune fille ne lui paraissent plus aussi idéales : à peine s'il remarque maintenant la fleur entre les pages du livre ; elle ne lui dit plus rien, c'est comme si elle était devenue muette. Et puis, un jour, il finit par la jeter au panier.

Alors, que s'est-il passé ? La fleur était toujours là, elle n'avait pas changé, mais le garçon, lui, avait changé. C'est lui qui avait fait de cette fleur un talisman, et c'est lui qui lui a enlevé son pouvoir. La conclusion à tirer de cet exemple, c'est que par lui-même un objet est indéterminé ; c'est notre façon de le considérer qui peut faire de lui un talisman.

23 mars

*V*ous avez certainement fait cette expérience : vous étiez occupé à des tâches de la vie quotidienne, vous ne pensiez à rien de précis, et soudain vous avez senti comme un courant, une présence près de vous, quelque chose de vivant qui vous apportait une lumière, une paix, une joie. Et alors, qu'avez-vous fait ?... À des moments pareils, cessez toute occupation pour vous concentrer sur cette visite inattendue. Ce sont des instants rares et précieux qu'il ne faut pas laisser passer en se montrant négligent.

Combien de fois des visiteurs célestes viennent vous instruire et enrichir votre vie ! Si vous ne faites pas l'effort de les recevoir au moment où ils se présentent, c'est fini, vous aurez beau chercher, supplier, ils ne reviendront pas. Ou alors, ils reviendront, mais quand ?... Il faut apprendre à reconnaître tout de suite ces visiteurs et les retenir le plus longtemps possible, car très vite ensuite vous n'avez plus la moindre idée de ce qu'ils venaient vous apporter. Mettez le temps qu'il faut pour devenir conscient de ce que représentent les visites célestes : elles laisseront en vous une trace indélébile.

24 *mars*

L'eau contient de grands mystères, et certains de ces mystères sont liés au sang. Le sang est une eau sublimée. Entre l'eau et le sang il existe certaines analogies, et pas seulement entre l'eau et le sang, mais encore entre l'eau, le sang et la lumière. La lumière du soleil, qui est son sang, est également une forme de l'eau, une forme supérieure de l'eau. Et quand, au cours du dernier repas qu'il prit avec ses disciples, Jésus a dit : *« Celui qui mange ma chair et qui boit mon sang a la vie éternelle »*, ce sang, c'est la lumière qui vient du soleil.

Parce que l'eau fait partie de votre existence quotidienne, vous croyez la connaître. Non, vous n'en connaissez que quelques aspects et quelques usages. Mais le jour où vous arriverez à penser et à sentir l'eau comme sang et comme lumière, à ce moment-là seulement vous la connaîtrez et vous saurez comment l'utiliser pour votre travail spirituel.

25 mars

*E*n acceptant de mourir sur la croix, Jésus a fait un sacrifice que nous devons méditer afin d'en mesurer toute la grandeur et de nous y associer par la pensée. Mais dans la nouvelle vie que le Christ maintenant nous propose, il n'est pas préconisé de s'attarder sur le supplice de la croix, car le Christ se manifeste aussi par la lumière, la beauté, la joie. Dans la nouvelle culture, c'est la pensée de la gloire du Christ qui doit nourrir notre vie intérieure. Le Ciel se réjouira en voyant que nous cessons d'embrasser la poussière et de nous agenouiller devant des tombeaux, car Il nous destine au plus grandiose avenir.

S'il existe des morts dont il faut s'occuper, ce ne sont pas ceux des cimetières, mais ceux qui sont enfouis dans notre for intérieur : nos vieilles habitudes, nos vieilles conceptions erronées. Ce sont ces morts-là que nous devons chercher pour en finir avec eux. Lorsque nous y parviendrons, nous entrerons nous aussi dans la gloire du Christ.

26 mars

*N*oël et Pâques : la naissance de Jésus fêtée au début de l'hiver et sa résurrection fêtée au printemps, représentent deux pages du grand Livre de la nature. Ceux qui ont fixé les dates de ces fêtes, il y a très longtemps, étaient des êtres qui possédaient une grande connaissance des relations qui existent entre la nature et l'âme humaine. Ils avaient médité profondément la vie de Jésus et son enseignement, et ils avaient compris qu'en s'identifiant au principe cosmique du Christ, une rencontre idéale s'était faite en lui entre la vie spirituelle et la vie de la nature, la vie de l'univers.

En voulant se différencier le plus possible du paganisme, qui se caractérisait par le culte des forces de la nature, le christianisme a coupé les liens vivants avec l'univers. C'est pourquoi, maintenant encore, le sens profond de leur religion échappe aux chrétiens. Seuls quelques Initiés, parce qu'ils possèdent la véritable science des symboles, voient dans la naissance et la résurrection de Jésus des processus liés à la vie cosmique et qui sont donc d'une portée universelle.

27 mars

*L*a semence qui a été mise en terre est comparable à une créature enfermée dans un tombeau. Quand l'ange de la chaleur s'approche, il la réveille en lui disant : « Allons, lève-toi maintenant, sors du tombeau ! » Et voilà que cette vie qui était ensevelie commence à s'animer : une petite tige divise la graine en deux et donne naissance à une pousse qui deviendra un jour un arbre formidable. C'est cela la résurrection.

Pour ressusciter, il faut ouvrir le tombeau, et seule la chaleur ouvre les tombeaux. La chaleur, cela veut dire l'amour. Celui qui a beaucoup d'amour dans son cœur, un amour désintéressé, spirituel, ouvre le tombeau de ses cellules. Aussi longtemps que ses cellules ne sont pas animées, vivifiées, elles restent inactives et il ne peut pas connaître toutes ses richesses intérieures. Mais après cette résurrection, après le réveil de ses cellules, sa conscience s'élargit et, à travers tout ce qu'il sent, tout ce qu'il vit, il se meut dans une autre dimension, la dimension de l'esprit.

28 mars

Il n'existe aucune séparation entre le monde d'en bas et le monde d'en haut, voilà une leçon que nous donne la graine. Vous enfouissez une graine dans le sol : une liaison se produit immédiatement entre la terre et le ciel, car le soleil lui envoie sa lumière et sa chaleur, la pluie l'arrose, la terre lui donne l'abri et la nourriture dont elle a besoin, et voilà bientôt la plante qui pousse. En mettant seulement une graine en terre, vous avez aussi déclenché des phénomènes dans le ciel…

Les mêmes processus se produisent également en nous. Un exemple : nous introduisons une graine (la nourriture) dans la terre (notre estomac), et tout de suite le ciel (la tête) envoie des courants afin qu'elle se transforme en énergies, en sentiments, en pensées. Dès que nous plaçons la nourriture dans notre estomac, des forces se dirigent vers elle et se mettent au travail.

29 mars

*L*es esprits lumineux dans le monde invisible ne cessent de faire des échanges d'amour : ils se rencontrent dans l'espace, se saluent, se pénètrent de purs rayons et continuent leur route. Ne pas avoir de corps physique n'empêche pas de faire des échanges et de s'aimer. Vous aussi, vous faites avec les créatures autour de vous des milliers d'échanges qui ne sont pas physiques. Vous ne donnez pas des baisers à tout le monde, vous ne prenez pas tout le monde dans vos bras, mais vous ne cessez de faire des rencontres qui vous nourrissent et qui vous rendent heureux. Pourquoi ne pas augmenter le nombre et la qualité de ces échanges ? L'amour tel que le comprend la majorité des humains, cet amour avide, égoïste, possessif, jaloux, cruel, est un véritable esclavage.

Vous direz : « Mais nous, nous avons un corps, nous ne pouvons pas nous manifester comme des anges. » En réalité, sachez-le, ce n'est pas votre corps qui s'oppose le plus aux manifestations spirituelles de l'amour, c'est votre monde psychique que vous n'avez pas appris à contrôler, à éclairer. Avoir un corps n'empêche pas de s'approcher de cette conception spirituelle de l'amour, car l'âme et l'esprit en nous sont aussi réels que notre corps physique et ils peuvent faire des échanges avec toutes les autres âmes et tous les autres esprits dans l'univers.

30 mars

*L*e Maître Peter Deunov disait : « Quand c'est le moment de laver sa chemise, doit-on pleurer ? Quand c'est le moment d'enfouir les graines dans le sol, doit-on pleurer ? Quand c'est le moment de moudre le blé, doit-on pleurer ? »

Laver sa chemise, enfouir des graines dans le sol, moudre le blé correspondent à des activités de la vie spirituelle. Lesquelles ? Laver sa chemise, c'est se purifier. Enterrer des graines dans le sol, c'est introduire de bonnes pensées et de bons sentiments dans sa tête et dans son cœur, ainsi que dans la tête et le cœur des autres. Moudre le blé, c'est préparer le pain de vie. Ces trois activités s'accompagnent nécessairement de certaines souffrances, mais ce sont des souffrances tellement salutaires ! Car ces divines souffrances, supportées consciemment et avec amour, imprègnent tout ce que nous vivons ensuite de beauté, de parfum, de saveur.

31 mars

Combien de méthodes peuvent vous aider à renouveler la vie en vous !

En regardant le matin le soleil se lever, concentrez-vous sur lui et dites : « Comme le soleil se lève sur le monde, que le soleil de l'amour, de la sagesse, de la vérité, se lève dans mon cœur, dans mon âme et dans mon esprit. » Alors, de même que le soleil se lève dans la nature, le soleil spirituel se lèvera en vous.

Pendant la période de la lune croissante, le soir, avant de vous endormir, dites : « Comme la lune se remplit, que mon cœur se remplisse d'amour, que mon intellect se remplisse de lumière, que ma volonté se remplisse de force, que mon corps physique se remplisse de vigueur. »

Au printemps, quand apparaissent les premières feuilles et les premières fleurs, dites : « Comme la nature s'épanouit, que tout mon être s'épanouisse et fleurisse, que toute l'humanité vive dans un éternel printemps ! »

Être attentif à la vie de la nature, s'associer à elle et prononcer de telles formules, c'est cela la véritable magie blanche. Et vous deviendrez des fils de Dieu, des filles de Dieu, car sans cesse par la parole créatrice, la parole qui a créé le monde, vous créerez partout un monde nouveau.

1er *avril*

Si tant de gens s'accrochent désespérément à la vie, c'est qu'ils ignorent qu'elle ne s'arrête pas avec ce qu'il est convenu d'appeler la mort. Ils sont même capables de commettre tous les crimes pour subsister. Mais ils contractent ainsi des dettes karmiques qu'ils devront payer dans une prochaine incarnation. Le disciple d'une École initiatique a, lui, une autre philosophie. Il se dit parfois : « Quelle corvée de vivre sur la terre ! On est limité, bafoué, violenté, tourmenté, écrasé. » Mais il sait aussi qu'il est là pour faire un travail et réparer ses erreurs du passé. Alors, il accepte en pensant que lorsqu'il aura terminé ce travail, il pourra vivre libre dans l'espace et la lumière.

Voilà la vérité que connaissent les spiritualistes. C'est pourquoi, même s'ils savent que la vraie vie est ailleurs, ils sont convaincus d'avoir quelque chose à faire sur la terre. Tant qu'ils n'ont pas tout réglé, tant qu'ils n'ont pas fini le travail que le Ciel leur a donné, le reste leur est indifférent. Ils ne se demandent pas s'ils préfèrent vivre ou mourir, ils veulent seulement finir leur travail. Mais dès qu'il est terminé, avec quelle joie ils s'en vont, parce qu'ils savent que la terre ne vaut pas la peine qu'on s'accroche à elle.

2 *avril*

*U*n événement grandiose se produit chaque matin : le lever du soleil. Même s'il vous est pénible de vous lever tôt, même si vous somnolez à moitié, cela vaut la peine d'y assister. Vous direz que si vous êtes somnolent, vous n'en retirerez rien. Détrompez-vous : malgré vous, en dehors de votre conscience, il se fait un travail dont les effets apparaîtront plus tard, et vous en serez vous-même étonné.

Lorsqu'une personne a vécu dans son enfance des scènes de violence, des événements tragiques, elle n'était pas encore en âge de comprendre ce qui se passait ; mais, un jour, ces drames commencent à ressortir sous forme d'angoisses, de troubles du comportement très difficiles à guérir. Que l'on comprenne ou ne comprenne pas, tout s'enregistre et peut revenir plus tard à la surface. C'est pourquoi, même si vous ne « comprenez » rien à ce phénomène cosmique qu'est un lever du soleil, mettez-vous dans de bonnes conditions : nécessairement votre esprit, votre âme, votre corps recevront quelques éléments qui se manifesteront plus tard en vous comme harmonie, paix et lumière.

3 avril

L'alchimie a été condamnée par l'Église. Pourtant quelques papes se sont adonnés eux-mêmes à cet art. Et les bâtisseurs des cathédrales eux aussi possédaient des connaissances alchimiques. L'architecture et la sculpture médiévales en portent les témoignages : sur les murs de nombreux édifices sont inscrites les différentes phases que traverse la matière au cours de la préparation de la pierre philosophale.

Même l'épisode du Déluge dans l'*Ancien Testament*, que l'on voit souvent dépeint sur les murs des cathédrales, peut être considéré du point de vue alchimique. La pluie tombe pendant quarante jours et quarante nuits ; or, 40 est le nombre de la mort. L'arche dans laquelle Noé et sa famille s'enferment avec un couple de chaque espèce animale représente le vase alchimique dans lequel se fait la transmutation. Quant au corbeau, Horev, et à la colombe, Iona, que Noé relâche successivement pour voir si la terre ferme est réapparue, ils représentent un moment essentiel du Grand Œuvre : le passage du noir au blanc, le symbole d'une résurrection.

4 avril

*T*outes les religions ont préconisé le jeûne comme exercice de purification. Mais le jeûne ne doit pas être seulement compris dans le plan physique. Si des impuretés se sont introduites dans le corps physique et provoquent des troubles physiques, s'abstenir de nourriture (avec mesure, bien sûr) peut les chasser. Mais les impuretés peuvent aussi s'introduire dans le corps astral et dans le corps mental*, sous forme de sentiments et de désirs grossiers, de pensées et de jugements erronés. Ces pensées, ces sentiments, ces désirs sont des entités ténébreuses qui obligent les humains à absorber certaines nourritures dont elles ont besoin ; car les pensées, les sentiments, les désirs sont des entités vivantes qui veulent elles aussi être nourries.

Pour se débarrasser de ces entités ténébreuses, l'homme ne doit plus rien leur donner « à manger », c'est-à-dire qu'il doit non seulement cesser de nourrir des pensées et des sentiments égoïstes, agressifs, mais aussi les remplacer par des pensées et des sentiments purs et lumineux. S'il prive ces entités des nourritures qu'elles recherchent, il les fera « jeûner », et alors, se sentant menacées de mourir de faim, elles le quitteront. Voilà comment il faut aussi comprendre le jeûne, en le transposant dans les plans astral et mental.

* Voir note et schéma, p. 394 et 395.

5 avril

Il est presque inutile de s'engager dans la vie spirituelle si on n'a pas compris à quel point la nature inférieure de l'homme est coriace, rebelle, et combien le travail à entreprendre sur elle demande de vigilance, d'humilité, de persévérance. Beaucoup trop de personnes qui découvrent un enseignement spirituel croient qu'elles vont rapidement se transformer. Eh non, la maîtrise de la vie psychique est tellement plus difficile qu'elles ne l'imaginent ! Il existe bien dans chaque être humain cette capacité de renouvellement, de régénération, de divinisation, mais c'est un processus très lent, et ce que chacun peut réaliser dans cette existence dépend du travail déjà commencé dans les incarnations antérieures.

Pour celui qui n'a pas conscience des difficultés qu'on rencontre inévitablement dans la vie spirituelle, il est impossible de progresser. Alors, il souffre et il fait aussi souffrir les autres. S'engager dans la vie spirituelle exige d'être d'abord très lucide sur soi-même.

6 avril

Un homme et une femme se rencontrent et éprouvent le besoin de se rapprocher : pendant quelque temps chacun est attentif et cherche à plaire à l'autre. Mais du jour où ils vivent ensemble, ils ne se croient plus tellement obligés de faire des efforts. Vous direz que la vie quotidienne est très accaparante : tellement de soucis, d'obligations, de choses à régler prennent toute votre attention ! C'est d'accord, mais alors il y a au moins une solution : faire preuve de réserve, de retenue. Oui, même lorsqu'ils vivent ensemble, les hommes et les femmes auraient avantage à observer une certaine retenue pour éviter de tomber dans cette familiarité prosaïque de la vie quotidienne. C'est par manque de vigilance, souvent, que l'on perd l'amour.

Il est bon que dans un couple chacun garde pour l'autre une part de secret, de mystère, afin d'entretenir l'intérêt, la curiosité pour quelque chose de nouveau, d'inconnu. C'est cette part d'inconnu qui protège, qui nourrit l'attraction qu'ils ressentent l'un pour l'autre.

7 avril

*L*es fleuves naissent dans la montagne et, quels que soient les obstacles rencontrés en chemin, ils finissent toujours par arriver à la mer. Là, leur eau, chauffée par les rayons du soleil, se transforme en vapeur et reprend le chemin du ciel, jusqu'au jour où elle retombe sous forme de pluie ou de neige. Ce voyage de l'eau peut avoir une interprétation symbolique. Les destinées humaines sont à l'image de ces voyages perpétuels que fait l'eau entre le ciel et la terre, la terre et le ciel. Comme les gouttes d'eau, les âmes descendent sur la terre, chacune dans un lieu déterminé ; de là elles ont tout un chemin à parcourir, jusqu'au moment où elles retourneront vers leur lieu d'origine… pour redescendre à nouveau, un jour, dans un autre lieu. Cela s'appelle la réincarnation.

Et les fleuves portent toujours le même nom : Seine, Tamise, Mississipi… mais l'eau qui coule dans leur lit est chaque jour nouvelle. Les habitants du fleuve, les milliards de gouttes d'eau, ne font que passer ; tandis qu'elles se dirigent vers la mer, d'autres prennent leur place. Comme les fleuves, les pays conservent souvent le même nom, mais il s'y incarne successivement des êtres toujours différents et qui viennent d'ailleurs. Ainsi s'expliquent les changements qui se produisent dans leur histoire.

8 avril

*L*e limité ne peut pas comprendre l'illimité. Et puisque la conscience humaine est limitée, elle ne peut connaître Dieu, l'Illimité. Ou, plus exactement, l'homme ne peut pas connaître Dieu aussi longtemps qu'il reste en dehors de Lui. Il ne Le connaîtra qu'en entrant dans cette immensité, en se fusionnant à elle, en se confondant avec elle. Tant qu'une goutte d'eau est séparée de l'océan, elle ne peut pas le connaître ; mais si elle retourne à l'océan, on ne peut plus l'en séparer, elle devient l'océan et à ce moment-là elle le connaît.

Vous direz : « Mais l'homme est dans l'univers, il en fait partie, il n'est pas séparé de cet illimité, de cet infini qu'est Dieu. » Oui, mais il n'en est pas conscient. En revanche, c'est souvent en pleine conscience qu'il décide de se séparer de Dieu, pour déclarer ensuite qu'Il n'existe pas. Donc, si nous voulons connaître Dieu, nous devons consciemment nous fondre en Lui, nous perdre en Lui. Nous Le connaîtrons parce que nous deviendrons Lui, nous ne ferons plus qu'un avec Lui.

9 avril

*L*a véritable religion est une science fondée sur la connaissance de l'être humain créé à l'image de Dieu. C'est pourquoi les fondements du sentiment religieux sont inscrits dans l'être humain lui-même.

En nous créant à son image, comme il est dit dans la *Genèse*, Dieu nous a marqués de son sceau. Et cette empreinte, quoi que nous fassions, nous ne pouvons nous en libérer : elle fait partie de notre structure, de l'essence même de notre être. De ce point de vue-là, nous ne serons jamais absolument libres, car nous ne pouvons pas échapper à ce schéma à partir duquel tout notre être est construit. En revanche, la plus grande liberté nous a été donnée pour manifester la conscience de cette empreinte divine que nous portons en nous. C'est ainsi que s'explique la diversité des religions qui, suivant les époques et les lieux, ont pris et continueront à prendre les formes les plus variées et les plus riches.

10 avril

Dès qu'il vous manque une petite chose, vous êtes prêt à vous plaindre. Pourquoi ce manque doit-il soudain obscurcir votre regard ? Le soleil se lève chaque jour. Vous avez la lumière, l'air, l'eau, la nourriture. Vous pouvez voir, entendre, goûter, comprendre. Vous avez la faculté d'entrer en relation avec le Créateur, avec toutes les entités célestes, avec la nature, avec les humains. Est-ce que tout cela n'est rien ?

À quoi pensez-vous en vous levant le matin ? Et au moment où vous faites votre toilette ? Et quand vous voyez votre femme, vos enfants, à quoi pensez-vous ? Vous direz peut-être que vous n'en avez pas. Admettons, mais en sortant de chez vous, vous rencontrez bien quelqu'un : à quoi pensez-vous en le voyant ?... Tous les êtres qui vivent près de vous, tous ceux que vous rencontrez sont là pour vous apporter quelque chose, vous faire réfléchir, affiner votre sensibilité. Au lieu de vous arrêter sur ce qui vous manque, apprenez à vous réjouir pour toutes les inépuisables richesses de la vie qui vous sont offertes et vous deviendrez vous-même plus vivant.

11 avril

*L*es lamentations sur la nature humaine pécheresse et portée au mal ne servent à rien. Il n'y a pas à se lamenter, il y a uniquement à travailler. Que ce soit la vanité, l'orgueil, la colère, la jalousie, la sensualité, tous les défauts doivent être mis au travail. Voilà le seul bon point de vue, la seule bonne solution. C'est le travail qui compte, il est inutile de s'occuper du reste ; les qualités, les défauts, c'est secondaire. Quand on a trouvé quel est le meilleur travail et qu'on a décidé de s'y consacrer sincèrement, même les défauts deviennent de bons serviteurs.

Prenons un exemple très simple. Vous voulez soulever un poids. Toutes les énergies contenues en puissance dans votre corps sont mobilisées : les muscles, le cœur, les poumons et même le cerveau participent à l'action. Mais si vous n'avez pas le désir de faire quoi que ce soit, tous vos organes stagnent, somnolent. C'est le désir de travailler qui mobilise toutes vos potentialités. S'il se met au travail, même un criminel peut finir par dépasser en générosité, en patience et en bonté les hommes les plus vertueux. Tandis que, souvent, les gens de bien ne font rien de grand : il leur suffit d'être comme ils sont, ils ne pensent pas au travail.

12 avril

En Grèce on l'appelait l'ambroisie, en Inde le soma, les alchimistes l'appellent l'élixir de la vie immortelle… Toutes les cultures ont mentionné l'existence d'un breuvage d'immortalité et certains disent même comment le préparer. En réalité ce breuvage existe dans la nature, mais évidemment pas n'importe où : on ne le trouve que dans les régions les plus subtiles et les plus pures de l'espace, et à certains moments particuliers comme au lever du soleil. L'aurore est le moment le plus favorable de la journée, car le véritable breuvage d'immortalité est la lumière, et le matin, au lever du soleil, nous pouvons capter cette lumière pour en nourrir nos corps subtils.

Si, au printemps et pendant l'été, nous allons contempler le soleil qui se lève, c'est justement pour arriver à boire cette quintessence de vie qu'il répand dans l'univers. Les pierres, les plantes, les animaux et les humains en reçoivent au moins quelques particules. Tous les êtres vivants captent ces particules de façon inconsciente, mais les humains peuvent apprendre à les capter de façon consciente. Faites l'effort de vous lever pour saluer l'aurore, pour accueillir cette lumière dans votre cœur, dans votre âme, et vous goûterez la vie immortelle.

13 avril

Quand des hommes et des femmes ont apporté de très bonnes choses à une société, à un pays, ou même à toute l'humanité, on leur élève des monuments ou des statues. Et on a raison. Pourtant, je trouve que ceux à qui nous devrions dresser les plus beaux monuments, les plus belles statues, ce sont nos ennemis… Car ce sont eux nos véritables bienfaiteurs ! Grâce à eux, nous sommes obligés de devenir plus vigilants, plus intelligents, plus patients, plus maîtres de nous. Pour supporter les difficultés qu'ils nous créent, nous devons partir à la découverte de régions intérieures de paix et de lumière que, sans eux, nous n'aurions jamais cherché à explorer. Vous trouvez que ce que je dis là n'est pas sérieux ? Réfléchissez tout de même un peu à cette idée : avec leurs marques d'affection et leurs compliments, nos amis souvent nous endorment, tandis que nos ennemis nous stimulent.

Vous direz : « Mais ces gens-là qui nous sont hostiles, ils nous empoisonnent la vie ! » Bien sûr, mais si vous avez le désir sincère d'avancer, vous recevrez le savoir et la force pour utiliser tous les obstacles qu'ils mettent sur votre route. Ces obstacles seront comme des échelons qui vous permettront de monter de plus en plus haut.

14 avril

S'il est nécessaire de faire tellement de lois pour régir les rapports des humains entre eux, c'est qu'ils ne sont pas encore habités par l'amour. Quand ils sauront ce qu'est le véritable amour, quand ils vivront de cet amour, dans cet amour, ils n'auront plus besoin que les lois viennent sans cesse leur rappeler ce qu'ils doivent faire ou ne pas faire : ils le feront, car ils trouveront spontanément comment se mettre en harmonie les uns avec les autres.

L'amour est l'unique force qui organise les choses, qui les fait croître et fleurir. Dès que l'amour entre dans une famille, une communauté, une société, il n'y a plus besoin de dire : « Faites ceci, faites cela, et si vous ne le faites pas, gare à vous ! » Tous exécutent leur tâche avec plaisir. Là où est l'amour, la loi n'a plus sa place.

15 avril

Quand ils ressentent des insatisfactions, les humains ont tendance à trouver des réponses matérielles. Ils font comme si ces insatisfactions venaient du corps physique, alors ils lui présentent de quoi manger, boire, fumer, se distraire, ils le promènent et lui procurent tous les plaisirs. Et lui, le pauvre, repu, saturé, suffoque et se plaint : « Arrête, tu vas me faire mourir. Ce n'est pas en me gavant ainsi que tu te sentiras mieux ! » Mais les humains ne comprennent pas le langage de leur corps. Ils s'obstinent en se disant que s'ils n'arrivent pas cette fois à trouver ce qu'ils cherchent, ils y arriveront sans doute la fois suivante. Malheureusement, la fois suivante c'est la même chose ou même pire : le vide. Mais ils continuent…

En réalité, il faut très peu de choses pour satisfaire le corps physique. Les réclamations en nous viennent de l'âme et de l'esprit qui ne cessent de prier, de supplier : « J'ai besoin de pureté, de lumière, d'espace… J'ai besoin de contempler le soleil… J'ai besoin de m'unir au Seigneur, de travailler à l'avènement de son Royaume, pour que la paix règne un jour parmi les humains… » Voilà les voix que nous devons distinguer en nous, et bien écouter leurs demandes afin de leur donner satisfaction.

16 avril

*E*ssayez de devenir attentif au langage de la nature. Même si vous avez l'impression de ne pas le comprendre, cela n'a pas d'importance : l'important, c'est de vous ouvrir. Vous préparez ainsi les centres subtils qui vous mettront un jour en contact avec toute cette vie qui circule dans l'univers et qui nous parle. Car tout ce qui est vivant parle, et la nature, qui est vivante, nous parle aussi.

Et puisque la nature nous parle, nous pouvons également lui parler. Que les pierres, les plantes, les rivières, les montagnes, les astres ne connaissent pas nos langues humaines, là encore cela n'a pas d'importance : dans quelque langue que ce soit, les paroles que nous prononçons avec conviction et amour produisent des vibrations, des couleurs, des ondes qui agissent sur la matière ; et la matière réagit, elle répond, comme si elle avait compris. Même si la terre, l'eau, l'air et le feu ne comprennent pas les mots que nous prononçons, d'après les pensées, les sentiments et la force que nous mettons en eux, ces mots ne restent pas sans effets.

17 avril

*L*a plupart des humains ont un bon cœur et sont sensibles, mais ils ont une curieuse façon de manifester cette sensibilité. S'ils voient au cinéma ou au théâtre un enfant abandonné ou maltraité, de pauvres gens mourant de faim, ou persécutés, ils versent facilement quelques larmes. Mais si, en sortant du spectacle, ils passent devant un mendiant dont la physionomie misérable devrait arrêter leur regard et susciter leur pitié, ils ne le remarquent même pas. Et une fois rentrés chez eux, ils bousculent leurs enfants, ils ne les écoutent pas, alors qu'ils ont besoin d'attention et de tendresse. Oui, c'est extraordinaire, au cinéma ou au théâtre on est sensible, on s'attendrit, on pleure, mais dans la vie, devant le même spectacle, on ferme trop souvent ses yeux et son cœur.

Les humains ont encore beaucoup à apprendre sur la véritable sensibilité et comment la manifester. Combien sont sensibles à la beauté du monde divin, et éprouvent en la contemplant de telles émotions que tout leur être, bouleversé, renaît purifié, régénéré ?

18 avril

*U*n général lance un ordre d'attaque. Il crie : « Feu » et en quelques minutes il ne reste plus rien de ce qui était une ville magnifique. Lui-même n'a rien fait, il a seulement prononcé un mot, mais quel pouvoir possédait ce mot ! Ou bien un homme ou une femme qui compte beaucoup pour vous, mais dont vous ne connaissez pas encore les véritables sentiments, vous dit ou vous écrit un jour ces simples mots : « Je t'aime », et voilà votre vie soudain illuminée ! Pourtant, rien n'a changé. Mais tout a changé. L'existence entière est là pour démontrer les pouvoirs de la parole.

Et pourquoi pensez-vous que les gens parlent, la plupart du temps ? Pour exercer leur pouvoir. Alors même qu'ils prétendent donner des explications, des informations, souvent ce n'est pas réellement pour expliquer ou informer ; en parlant ou en écrivant, ils veulent surtout produire certains effets : se faire des alliés, susciter la colère, la haine, ou bien endormir la méfiance. Et vous-même, dans quel but utilisez-vous la parole ?

19 avril

*T*ellement de gens se promènent sur les chemins de la vie comme des récipients vides qui attendent d'être remplis ! Mais pourquoi attendre ? Chaque être, chaque objet qu'ils rencontrent possède des vertus particulières. Qu'ils apprennent à les reconnaître, qu'ils s'ouvrent à eux, qu'ils s'en inspirent, et ils ne se sentiront plus jamais ni vides ni seuls.

Tout ce qui existe sur la terre et dans le ciel peut vous donner quelque chose de bon. Mais le recevoir dépend de vous ; pour recevoir il faut être conscient et s'ouvrir. Si vous traversez l'existence non seulement avec les yeux et les oreilles fermés, mais surtout avec le cœur et l'intellect barricadés, évidemment vous resterez dans la solitude et la pauvreté. Montrez-vous un peu plus réceptif et vous saurez que tout peut devenir une nourriture pour votre vie intérieure.

20 avril

On se lave tous les jours, mais on peut être lavé et propre physiquement tout en restant intérieurement aussi sale que si on n'avait jamais touché l'eau de sa vie. Or, si l'eau nous lave dans le plan physique, dans le plan spirituel elle possède exactement les mêmes propriétés. L'eau que nous connaissons et utilisons tous les jours n'est que la matérialisation de ce fluide cosmique qui remplit l'espace et, par la pensée, nous pouvons entrer en contact avec lui. La première condition pour ce travail de purification est donc de se laver avec la conscience qu'à travers l'eau il est possible de toucher un élément de caractère spirituel.

En vous lavant, concentrez-vous sur l'eau, sur sa limpidité, son innocence, et vous sentirez bientôt qu'elle touche en vous des régions inconnues pour y produire des transformations. Non seulement vous vous sentirez allégé, purifié, mais votre cœur, votre intellect seront nourris par de nouveaux éléments plus subtils et vivifiants. L'eau physique contient tous les éléments et les forces de l'eau spirituelle, qui est l'eau véritable. Il faut seulement apprendre à les recevoir.

21 avril

*L*es entités célestes aiment la lumière, et quand elles aperçoivent un être entouré de cette lumière que la Science initiatique appelle l'aura, elles accourent vers lui.

Si je vous demande : « Est-ce que vous souhaitez vraiment l'amour, la paix, la santé, la beauté ? » vous répondrez tous : « Oh ! oui, nous ne voulons que ça ! » Mais alors, que faites-vous pour les obtenir ? Toutes les bénédictions ne peuvent pas venir à vous par hasard. Travailler sur l'aura est le meilleur moyen de les attirer : par votre amour vous la vivifiez, par votre sagesse vous l'éclairez, par votre force de caractère vous augmentez sa puissance, par votre pureté vous la rendez limpide et transparente. Même si vous ne faites aucun exercice de concentration pour former les couleurs de votre aura, en travaillant seulement à nourrir en vous les vertus divines vous attirerez toutes les couleurs magnifiques qui leur correspondent. Alors, les créatures célestes qui viendront s'y baigner vous apporteront leurs présents, et auprès de vous les humains se sentiront apaisés, renforcés, entraînés dans une direction divine.

22 *avril*

L'inquiétude, l'agitation créent les plus mauvaises conditions pour l'activité de la pensée. C'est pourquoi, lorsque vous avez un problème important à résoudre, commencez par vous apaiser. Faites le silence en vous et essayez de vous élever le plus haut possible, car c'est en haut que se trouve la lumière. Lorsque vous sentez que vous avez réussi à atteindre une sorte de sommet, posez la question qui vous préoccupe et attendez…

Bien sûr, cette réponse commencera par vous parvenir plus ou moins clairement ; ce ne sera peut-être qu'une impression vague, difficile à interpréter, mais ce sera déjà un indice. N'abandonnez pas. Recommencez autant de fois qu'il est nécessaire, reposez la question : bientôt vous sentirez en vous une clarté, une certitude, et à ce moment-là plus de doute, vous saurez comment vous devez agir. Cependant, vous devez savoir que la netteté et la précision des réponses que vous recevrez et l'aide qu'elles vous apporteront, dépendent de votre avancement spirituel.

23 avril

*V*ous êtes continuellement à la recherche de nouvelles choses à apprendre, à voir, à entendre. Ce n'est pas mauvais, mais habituez-vous aussi à consacrer chaque jour quelques instants pour vous lier au monde divin : ce que vous gagnerez de cette façon, vous pourrez le transporter partout avec vous, même dans l'autre monde ; rien ne pourra vous l'enlever.

Tout ce que vous trouvez dans les livres, toutes les connaissances que vous recevez des autres ne seront jamais vraiment à vous. Lorsque vous quitterez la terre, il faudra les abandonner, et quand vous reviendrez vous devrez les acquérir à nouveau. En se réincarnant, chacun ne rapporte que ce qu'il a vraiment acquis et expérimenté dans ses vies antérieures. Tout le reste lui a été enlevé parce que cela ne lui appartenait pas : il l'avait pris à d'autres. Bien sûr, grâce à ces « emprunts », pour le peu de temps qu'il est sur la terre il profite des avantages de la terre : l'approbation, les compliments, les applaudissements de gens qui ne sont pas très éclairés. Mais quand il part de ce monde il se retrouve pauvre et nu, car il n'a rien acquis par lui-même. Et il reviendra sur la terre pauvre et nu.

24 avril

*L*a quatorzième carte du tarot est appelée la Tempérance. Elle représente un ange qui tient un vase dans chaque main et, dans le vase qu'il tient en bas de sa main droite, il verse le liquide contenu dans le vase qu'il tient en haut de sa main gauche. Quel est ce liquide que l'ange est occupé à transvaser ? C'est la vie, le courant de la vie divine. Si ce courant est coupé il n'y a plus d'échanges et toute vie s'arrête. Quant à l'ange, c'est nous qu'il représente. Nous sommes cet être qui a la possibilité de travailler avec les deux vases, afin que la vie divine, la vie de l'esprit, descende pour animer, exalter, vivifier notre matière.

Chaque fois que nous cherchons à nous élever par la prière et la méditation, nous préparons cette descente de la vie divine. Oui, car le mouvement de haut en bas ne peut se produire que s'il est précédé par un mouvement de bas en haut. L'esprit ne peut descendre que si nous faisons l'effort de nous élever, c'est-à-dire si nous lui préparons les meilleures conditions pour se manifester en nous.

25 avril

Celui qui veut réussir dans la vie doit posséder certaines capacités et bien travailler. Mais cela ne suffit pas encore. Pour savoir quelle direction prendre, avec qui s'associer, etc., il doit aussi avoir du discernement.

Et comment acquérir le discernement ? En étant désintéressé. Oui, car le désintéressement donne à l'homme la faculté d'y voir clair, alors que l'égoïsme, l'avidité, la cupidité lui brouillent la vue et lui font perdre sa lucidité. Cela vous étonne ?... Non, c'est facile à comprendre : celui qui est obnubilé par la recherche de son intérêt personnel aperçoit ce qui se passe autour de lui comme au travers de verres déformants : son égoïsme, ses partis pris. Et puisqu'il ne voit pas la réalité telle qu'elle est, ce qu'il croit faire dans son intérêt, il le fait en réalité à son détriment. Eh oui, contrairement à ce qu'on a tendance à penser, ce n'est pas l'égoïsme qui aide les humains à arranger leurs affaires, mais le désintéressement.

26 avril

Pour justifier leurs caprices et leurs infidélités, certaines personnes prétendent que le mariage tue l'amour. Pas du tout, le mariage ne tue pas l'amour, mais à condition que l'homme et la femme sachent comment se considérer mutuellement. Que chacun recherche chez l'autre une manifestation du monde divin, une âme et un esprit qui méritent qu'on fasse pour eux tous les sacrifices. S'ils comptent sur le corps physique pour les satisfaire, évidemment leur amour ne durera pas.

Car qu'est-ce que le corps physique ?... Un homme meurt : maintenant qu'il n'est plus qu'un cadavre, est-ce que sa femme le garde auprès d'elle ? Non, elle le fait enterrer. Pourtant, elle aimait son mari, et elle l'aime toujours. Mais ce que l'on aime, c'est le côté subtil, la vie. Et ce qui est vivant, c'est l'âme, c'est l'esprit. Le corps physique vieillit, et après quelques années on peut le trouver moins agréable et se lasser de lui. Tandis que la vie intérieure est toujours différente, toujours nouvelle comme l'eau qui coule. Dans un couple, c'est cette eau que chacun doit chercher à découvrir chez l'autre, car elle est inépuisable.

27 avril

Combien de choses inutiles et même nocives les humains laissent s'accumuler dans leur tête et dans leur cœur ! Pourquoi ? Parce qu'ils ne savent pas faire des triages. Le bon et le mauvais, l'utile et l'inutile, l'essentiel et le superflu, ils acceptent tout sans discernement. Ensuite, ils se plaignent : « Je fais des efforts, alors pourquoi je n'avance pas ? pourquoi je n'obtiens pas de résultats ? » C'est simple : parce qu'ils n'ont pas encore compris qu'ils doivent commencer par déblayer le terrain. Oui, faire un triage et éliminer tout ce qui contredit leur idéal spirituel. Car il ne suffit pas d'avoir un idéal qu'on laisse comme ça dans un coin de sa tête, il faut que toute la vie soit en harmonie avec lui.

Chacun trouve normal d'avoir toutes sortes de goûts, de besoins, de projets, de points de vue, d'activités. Mais s'il les passe en revue, s'il les analyse bien, il constatera que beaucoup d'entre eux le retiennent dans les niveaux inférieurs de la conscience. Tant qu'il ne les abandonnera pas, il n'arrivera pas à progresser.

28 avril

*L*a prière n'est pas la simple réaction de personnes naïves et crédules qui, au moment où elles sont dans les difficultés ou le chagrin, se tournent vers le Seigneur en s'imaginant qu'Il n'a rien d'autre à faire que de venir à leur secours. La vraie prière est fondée sur une science concernant la structure de l'univers et les différents états de la matière. Au-delà de la terre, de l'eau, de l'air et du feu, il existe dans l'espace des régions de plus en plus subtiles, peuplées d'entités spirituelles. Et de même que nous pouvons puiser dans la terre, l'eau, l'air et la lumière tout ce qu'il nous faut pour notre vie physique, dans ces régions aussi nous pouvons puiser tout ce dont nous avons besoin pour notre vie psychique.

L'univers est une hiérarchie ; au sommet de cette hiérarchie règne un Être qui est tout amour et qui a tout distribué afin qu'aucune créature ne manque de rien. C'est à nous maintenant de chercher à atteindre par la pensée ces régions spirituelles : nous y capterons tous les éléments dont notre cœur et notre âme ont besoin et, dans les moments d'incertitude et d'angoisse, nous y trouverons un refuge.

29 avril

Dans la vie spirituelle, ce que l'on appelle silence n'est pas un monde muet. Les sages de l'Orient parlent de « la voix du silence », et c'est cette voix qu'ils s'efforcent d'entendre. Pour celui qui sait écouter, le silence, le véritable silence a une voix, car il est l'expression de la vie, de la plénitude de la vie divine.

La voix du silence est la voix de Dieu. Cette voix, on ne peut l'entendre qu'en soi-même, lorsqu'on parvient à apaiser toutes les agitations intérieures : révoltes, craintes, convoitises... Cette voix de Dieu se confond avec celle de notre nature supérieure ; elle ne peut s'exprimer que lorsque toutes les passions se sont tues.

30 avril

*M*ontagnes et vallées ont leurs correspondances dans la vie intérieure. Les vallées, où coulent des fleuves et des rivières, représentent la fertilité, donc l'abondance, la générosité, la bonté. C'est dans les vallées et non sur les sommets qu'on trouve des prairies, des jardins, des fruits, des fleurs, des villes et leurs habitants. Sur les hauts sommets on trouve le roc, la glace, l'aridité.

Vous vous sentez solitaire ? Eh bien, ne restez pas sur le sommet où votre intellect, avec son orgueil, son goût pour la critique, vous a entraîné. Descendez dans la vallée où règne l'abondance, où le cœur se manifeste, où coulent les eaux de l'amour. Le savoir que vous avez acquis sur les sommets grâce à votre intellect, doit fondre pour former des ruisseaux, des rivières, et fertiliser les vallées. Car il y a un temps pour monter et un temps pour descendre : il y a un temps pour s'élever sur la montagne avec l'intellect, et un temps pour descendre dans la vallée avec le cœur.

1er mai

*L*e disciple d'un enseignement spirituel apprend à entrer en relation avec toutes les forces vives de la nature. Quand il ouvre sa fenêtre, le matin, il commence par saluer le ciel, le soleil… Il lève la main pour dire bonjour au jour et à toute la création, et par ce geste il établit déjà un contact. Aux arbres, aux pierres, au vent, il dit : « Salut ! Salut ! » et ils lui répondent. Il salue aussi les anges des quatre éléments : les anges de la terre, de l'eau, de l'air et du feu, mais aussi les gnomes, les ondines, les sylphes, les salamandres et tous se mettent à chanter, à danser : ils sont heureux !

Dès le matin, en saluant la nature vous sentirez intérieurement quelque chose qui s'équilibre, qui s'harmonise. Beaucoup d'obscurités et de pesanteurs vous quitteront, tout simplement parce que vous serez entré en contact avec la création et toutes les entités qui l'habitent.

2 *mai*

Quelles que soient les conditions extérieures, dans notre monde intérieur, le monde de la pensée, nous pouvons toujours nous sentir libres. C'est seulement quand nous voulons nous manifester dans le plan physique que nous dépendons des conditions et que nous sommes limités. Même l'être le plus puissant est limité dans l'action.

Nous n'arriverons jamais à réaliser tout ce que nous souhaitons, mais nous ne devons pas nous en affliger, car rien ne nous empêche de vivre intérieurement une vie riche, belle, vaste et utile pour toutes les créatures. Nos pensées et nos sentiments vont très loin dans l'espace, et grâce à eux nous avons le pouvoir d'entrer en contact avec l'univers entier, tandis que nos actes ne touchent que quelques personnes. Mais si nous apprenons à nous concentrer sur notre monde intérieur, si nous cherchons à renforcer en nous l'amour et la foi, avec le temps nous aurons de plus en plus de prise sur le monde extérieur aussi.

3 mai

Combien de moines, d'ascètes ou même de simples croyants se sont infligé volontairement toutes sortes de tourments… « pour plaire à Dieu », disaient-ils. Comme si Dieu prenait plaisir à voir la créature humaine blessée, ensanglantée… Rares sont les religions qui n'ont pas favorisé ce genre de pratiques, et certaines encore de nos jours. Mais il est temps de comprendre que le Seigneur n'a pas besoin de la souffrance des humains. L'époque des flagellations, des tourments, du martyre est terminée. Malmener et mutiler son corps, exposer sa vie, cette manière de s'offrir en sacrifice à la Divinité est stérile.

Le véritable sacrifice est dans la manifestation de l'amour fraternel, désintéressé, pour tous les humains. Celui qui a compris le sens et la puissance de l'amour n'a pas besoin de s'infliger des souffrances : il en aura tellement à partager avec tous ceux qui sont dans le malheur ! Et les obstacles qu'il rencontrera dans ses efforts pour les aider seront encore tellement d'occasions de souffrir ! Mais devant ces souffrances, il ne doit pas reculer : ce sont elles qui le grandiront, l'ennobliront.

4 mai

Il est dit dans la *Genèse* qu'au deuxième jour de la création Dieu sépara les eaux d'en bas d'avec les eaux d'en haut. Les eaux d'en haut que la Science initiatique appelle aussi *« lumière astrale »*, *« agent magique »*, représentent l'océan primordial dans lequel toutes les créatures sont plongées et où elles trouvent leur nourriture. Le milieu liquide où est plongé l'enfant quand il se trouve encore dans le sein de sa mère est en quelque sorte un rappel de ces eaux primordiales.

Nous nageons dans l'immensité cosmique exactement comme les poissons nagent dans l'océan. Si nous ne sentons pas cette vie autour de nous, c'est que des impuretés obstruent nos pores psychiques. La purification est donc le premier travail à faire afin d'ouvrir nos pores et de libérer ainsi le réseau de canaux éthériques qui irriguent nos corps subtils. Nous serons alors abreuvés et vivifiés par cette eau spirituelle qui nous enveloppe de toutes parts.

5 mai

Combien d'hommes et de femmes ne trouvent pas leur place dans la société ! Ils s'y sentent ignorés, méprisés, et surtout inutiles, ce qui est un des pires sentiments qui existent. Alors, à quoi vont-ils employer leurs énergies ? Puisqu'on ne leur donne pas la possibilité de construire quelque chose, il ne leur reste qu'à détruire. Et il existe tellement de façons de détruire ! Ce n'est pas que leur nature soit particulièrement mauvaise, non, mais quand on se sent injustement ignoré, détruire est la seule façon qu'il reste d'attirer l'attention.

Être sensible au regard, à l'opinion de son entourage n'est pas répréhensible en soi. Seulement, l'estime que chacun peut avoir de lui-même, le sens de sa propre valeur ne doivent jamais dépendre de ce regard, de cette opinion, mais de la conscience du travail qu'il fait dans le secret de son cœur pour le bien du monde entier. Donc, même si la société ne semble pas avoir besoin de vous, que cela ne vous chagrine pas : vous trouverez toujours une place pour faire quelque chose d'utile, de bon et de beau, et, qu'on le reconnaisse ou non, ce sera pour vous une source de joie.

6 mai

Si vous saviez vous observer, vous constateriez que la plus grande partie de votre vie affective est faite d'échanges subtils et que ce sont ces échanges qui vous nourrissent. En sortant de chez vous, le matin, vous rencontrez des hommes et des femmes pour qui vous avez de l'amitié, de la sympathie ou même de l'admiration : vous les saluez, ils vous rendent votre salut et vous êtes heureux. Ces échanges se font par l'intermédiaire de votre cœur, de votre intellect, de votre âme et de votre esprit.

Vous direz que vous n'avez pas tellement l'occasion de rencontrer physiquement des hommes et des femmes qui vous inspirent ces sentiments d'amitié ou d'admiration… Qu'importe ? Vous pouvez en entendre à la radio, en voir à la télévision. Et il y a aussi les livres que vous lisez, la musique que vous écoutez, les œuvres d'art que vous contemplez et qui vous émerveillent. Est-ce que ce ne sont pas aussi des échanges que vous faites avec des créatures ? Par leurs chefs-d'œuvre les artistes nous donnent quelque chose, et nous, par notre admiration, notre amour, nous leur rendons quelque chose aussi. Bien sûr, beaucoup sont morts, mais leur âme et leur esprit qui ont créé ces chefs-d'œuvre sont immortels et nous continuons à communier avec eux.

7 mai

*L*a terre, notre planète, est vivante, elle respire, elle est sensible et elle réagit aux activités des humains qui l'habitent. Mais eux n'en sont pas conscients et ils ne pensent qu'à l'exploiter dans leur seul intérêt. Ils la retournent, la fouillent, la creusent ou l'aplanissent, sans jamais se demander s'ils ne sont pas en train de déranger un ordre qu'ils ne connaissent pas. La terre ressent tout cela comme des démangeaisons, des piqûres, des blessures, et alors de temps à autre elle donne une chiquenaude pour se débarrasser de tous ces importuns qui ne cessent de l'égratigner.

Évidemment la terre est patiente, elle supporte les agissements des humains pendant un certain temps, mais à la fin elle se fâche. Alors, les malheureux sont terrifiés, ils souffrent… Mais se décideront-ils à apprendre vraiment la leçon ?

8 mai

*V*ous avez commis des erreurs, vous avez beaucoup souffert... Oubliez ces erreurs et ces souffrances, efforcez-vous de vous projeter dans l'avenir. Pensez que vous êtes un fils, une fille de Dieu, pensez que vous êtes prédestiné à vous rapprocher de la perfection de votre Père céleste. Imaginez cet état extraordinaire d'épanouissement, de joie, de plénitude, et déjà vous le goûterez, vous le vivrez, il commencera à se réaliser en vous.

Quand vous devez affronter une situation redoutable : passer un examen, subir une opération, comparaître devant un tribunal, déjà plusieurs jours à l'avance vous vous inquiétez en vous demandant comment cela va se passer et vous vivez déjà péniblement ces moments... Et quand vous pensez que vous allez rencontrer celui ou celle que vous aimez, là aussi par avance vous vivez ce moment et vous en ressentez déjà de la joie. Alors, puisque la pensée peut vous projeter dans un avenir tout proche, pourquoi pas dans un avenir lointain ? La puissance de la pensée est une réalité et le disciple doit apprendre à s'en servir pour avancer sur le chemin de la perfection.

9 mai

*L*a nuit, pendant le sommeil, le niveau de conscience diminue, la vigilance faiblit et on est donc plus exposé aux agressions psychiques. C'est pourquoi vous devez être particulièrement attentif à l'état dans lequel vous vous endormez. Les entités ténébreuses ont besoin de matériaux et d'énergies pour leurs entreprises malfaisantes, et c'est chez les humains qu'elles les trouvent, particulièrement pendant leur sommeil. L'explication est simple : pendant le jour, chacun, accaparé par de multiples occupations, court à droite et à gauche, et c'est donc lui qui utilise ses énergies ; tandis que pendant la nuit, quand il dort, ses énergies sont disponibles.

Évidemment, beaucoup n'accepteront jamais l'existence d'entités mauvaises qui peuvent venir leur prendre des forces pendant le sommeil. Eh bien, ils sont libres d'accepter ou non… Mais tous ceux qui veulent apprendre à maîtriser leur vie psychique doivent admettre l'existence de ces entités et la nécessité de se mettre à l'abri de leurs agissements. C'est pourquoi, avant de vous endormir, demandez la protection des esprits lumineux.

10 mai

Quand elles se trouvent soudain plongées dans des situations inextricables, combien de personnes prennent conscience de leur ignorance, de leur faiblesse et se disent : « Si j'avais su !... » Elles auraient pu savoir, car toutes les conditions leur étaient données à un certain moment pour apprendre, s'exercer, se renforcer. Mais elles les ont négligées, elles trouvaient que la vie spirituelle demande trop d'efforts ; et d'autres activités, d'autres préoccupations leur paraissaient à ce moment-là plus importantes.

Vous demanderez : « Et si nous avons laissé passer ces bonnes conditions, maintenant c'est trop tard ? » Non, il n'est jamais trop tard : le chemin de la vie est long, infini, et d'autres conditions vous seront données dans cette existence ou dans une autre. Tâchez alors de ne pas les laisser passer, de ne pas avoir une fois de plus à vous dire : si j'avais su !...

11 mai

*T*outes les créatures qui quittent la terre souhaitent qu'on se souvienne d'elles, mais évidemment qu'on se souvienne surtout de leurs bonnes qualités. Il n'y a pas de pire souffrance pour un mort que d'entendre quelqu'un mentionner ses défauts et ses mauvaises actions. C'est un supplice pour lui, exactement comme s'il recevait des coups ; car dans le monde astral les êtres n'ont plus le rempart du corps physique, et les pensées, les sentiments, les paroles des vivants leur arrivent amplifiés. Les bonnes paroles sont donc aussi amplifiées et réjouissent beaucoup les personnes qui sont parties de l'autre côté, elles sont comme une pluie de bénédictions.

Dans toutes les civilisations, il existe la coutume de faire l'éloge des morts : on tâche de laisser de côté leurs défauts et les fautes qu'ils ont commises, pour ne parler que de leurs qualités, de leurs bonnes actions, en les exagérant même. Ce sont là les vestiges d'une tradition fondée sur les connaissances initiatiques. Et vous aussi, quand vous devez parler de personnes qui ont quitté la terre, autant que possible ne mentionnez que leurs bonnes qualités ; tout le reste, laissez-le de côté.

12 mai

*L*es exercices spirituels ne sont rien par eux-mêmes ; ils deviennent véritablement efficaces et bénéfiques à la lumière d'un enseignement qui donne des connaissances sur le monde invisible, les différents êtres qui l'habitent, les lois qui le régissent, les forces qui y circulent. Et il est encore plus important de connaître comment l'être humain est construit, quels sont en lui les organes, les centres spirituels grâce auxquels il peut entrer en relation avec les régions de l'espace. Mais même cela ne suffit pas. Une fois que l'on possède ce savoir, il faut se décider à changer sa façon de vivre, à sacrifier des activités qui sont en contradiction avec les vérités de la Science initiatique.

Voilà l'essentiel, prenez-le en considération. Du moment que vous ne vous limiterez plus à une compréhension intellectuelle de la spiritualité, vous posséderez la compréhension véritable, cette compréhension qui envahit le corps entier jusqu'à la moindre cellule. Chaque exercice prendra alors pour vous une signification et vous renforcera.

13 mai

*L*a rosée est une condensation de vapeur d'eau qui, sous l'effet du rayonnement de la terre, se dépose avant l'aube en fines gouttelettes. De la terre au ciel et du ciel à la terre, l'eau fait un immense circuit. En s'évaporant dans l'atmosphère elle se purifie, car les différentes couches qu'elle traverse sont autant de tamis qui la débarrassent de ses impuretés. Or, il est dit dans les traités d'alchimie que lorsqu'elle est enfin prête, une nuit, l'esprit universel vient la visiter, et il la fertilise en l'imprégnant de ses quintessences. Aussi, quand elle retombe en rosée sur l'herbe, sur les fleurs et toute la végétation, elle est heureuse car elle sait qu'elle apporte la vie.

Quand nous pensons à la rosée, nous avons l'habitude de nous arrêter sur la fin de son parcours : le moment où elle descend pour se déposer sur la terre. Mais il ne faut pas oublier que pour devenir rosée, l'eau s'est d'abord élevée sous forme de vapeur dans l'atmosphère. C'est parce qu'elle est d'abord montée très haut que, lorsqu'elle se condense à nouveau pour retomber sur la terre, elle est porteuse de tant d'éléments vivifiants.

14 mai

*É*prouver sans cesse de nouveaux besoins, c'est certainement un signe d'évolution ; mais cette cupidité, cette voracité qui poussent tant de gens à chercher leur satisfaction dans le plan physique, voilà ce qui les amène à dévaster et à polluer la planète et conduit l'humanité à la catastrophe. Beaucoup en sont conscients, mais ils s'obstinent dans cette voie. Pourquoi ? Tout simplement parce qu'ils ignorent ce qu'ils doivent chercher et où chercher : ils ne se connaissent pas, ils n'ont jamais essayé d'explorer leur monde intérieur pour y découvrir les véritables richesses.

Si les humains savaient que le Créateur a placé en eux, à l'état subtil, l'équivalent de tout ce qu'on peut trouver dans l'univers, au lieu de vouloir accaparer tout ce qui passe à portée de leurs mains, ils se nourriraient et s'embelliraient des richesses qu'ils ne cesseraient de découvrir en eux, les richesses de l'esprit. Et alors, non seulement ils ne détruiraient rien, mais tout ce qu'ils réaliseraient ensuite dans le plan physique serait marqué du sceau de l'esprit.

15 mai

«Veillez, car vous ne savez ni le jour, ni l'heure», dit Jésus à la fin de la parabole des cinq vierges sages et des cinq vierges folles qui attendaient la visite de l'Époux. Veiller, ici, ne signifie pas ne pas dormir, mais rester vigilant, car on ne sait pas à quel moment le bien-aimé viendra. Ce bien-aimé, cet époux mystique, c'est le Saint-Esprit, et par nos prières, par notre vie pure nous devons lui préparer l'huile précieuse, cette quintessence qui est son unique nourriture. Car le Saint-Esprit est une flamme. Une flamme a besoin d'être nourrie, et l'huile est sa nourriture. Que nous soyons homme ou femme est sans importance. La vierge sage dont parle Jésus est un symbole de l'âme humaine qui se prépare à recevoir le Saint-Esprit.

Le Saint-Esprit, c'est l'époux de lumière, et il ne viendra nous visiter que si nous avons assez d'huile pour nourrir sa flamme. Vous comprenez maintenant pourquoi il est dit que le jour de la Pentecôte, les disciples de Jésus ont reçu le Saint-Esprit sous forme de flammes, de langues de feu qui brûlaient au-dessus de leur tête : ils avaient rempli leur lampe d'huile, cette substance spirituelle qui, seule, peut attirer l'époux, l'Esprit divin.

16 mai

On accuse les religions d'avoir massacré des quantités d'êtres humains au nom de l'amour de Dieu, et malheureusement personne ne peut le nier. Mais il est également vrai que des athées ont persécuté aussi férocement leurs semblables que les croyants. Et les citoyens des États soumis à des régimes politiques hostiles à toute spiritualité n'ont été ni plus libres ni plus heureux.

Ce n'est donc pas la religion qui est fautive, ce sont les humains : ils ne cherchent pas à analyser l'origine et la nature de leurs convictions et de leurs comportements, ils ne cherchent pas les méthodes pour s'améliorer, pour être capables de vivre en paix avec les autres ; et alors ils abîment tout ce qu'ils touchent, non seulement la religion, mais aussi la philosophie, la politique, la science, l'art, etc. Chacun de ces domaines ne devient que ce que les humains en font. C'est pourquoi ils doivent comprendre que le plus important est de commencer un travail sur eux-mêmes, afin que leurs pensées, leurs sentiments et leurs actes soient réellement à la hauteur des causes qu'ils prétendent servir.

17 mai

« Il n'est pas bien de prendre le pain des enfants et de le jeter aux petits chiens », disait Jésus. Pour interpréter correctement ces paroles, il faut comprendre à quoi correspondent ce pain et ces chiens dans notre vie intérieure. Le pain, ce sont toutes les bonnes choses que préparent notre cœur, notre intellect, notre âme et notre esprit. Il ne faut pas les donner à manger aux chiens, c'est-à-dire symboliquement aux entités inférieures du plan astral, mais les garder précieusement pour nourrir les anges, les archanges et toutes les entités célestes. Car des visiteurs du monde divin sont heureux de venir séjourner parmi nous, mais si en s'approchant, ils constatent qu'ils ne sont pas attendus et que des entités inférieures ont déjà tout mangé, ils s'éloignent.

Des esprits lumineux descendent chaque jour auprès des humains. Ce sont des visiteurs royaux chargés de présents. Mais il faut au moins être capable de les accueillir avec une nourriture qu'ils apprécient : des pensées et des sentiments de la plus grande pureté. Sinon, ils s'en vont.

18 mai

Comment définir l'expérience mystique ?... Par la prière, la méditation, la contemplation, le mystique s'efforce de capturer l'esprit divin et de le retenir dans son âme. Cette capture se manifeste en lui comme une illumination, un ravissement, une extase. Malheureusement ces états supérieurs ne durent pas, il retombe très vite à son niveau de conscience ordinaire, et pour les retrouver il doit sans cesse renouveler ses efforts.

Seuls les êtres qui sont arrivés à préparer en eux un réceptacle convenable peuvent retenir l'esprit divin. Ce réceptacle a été appelé, dans la tradition ésotérique, la coupe du Graal. Les alchimistes, qui emploient un autre langage, parlent de « fixer le volatil ». Mais pour fixer le volatil – l'esprit cosmique – il faut le condenser, le matérialiser, et ce n'est possible que si on travaille en même temps sur le processus inverse, c'est-à-dire « volatiliser le fixe », le corps physique. C'est donc sur la matière du corps physique que nous devons aussi concentrer nos efforts afin de la purifier, de l'éclairer. Car l'esprit n'accepte de venir habiter un corps que s'il vibre à l'unisson avec lui.

19 mai

*A*vant d'être ces régions du monde invisible décrites par la religion, l'enfer et le paradis sont deux formes de vie qui existent déjà en nous. La vie de l'enfer est pesante, trouble, obscure : c'est, par analogie, celle du tube digestif, du ventre, du sexe. La vie du paradis est subtile, pure, lumineuse : c'est, par analogie, celle des poumons, du cœur, du cerveau.

En nous le bas (l'enfer) et le haut (le paradis) sont séparés par le diaphragme. Mais ils doivent travailler ensemble, la structure de notre corps nous le dit. Seulement il faut toujours veiller à ce que le côté supérieur domine le côté inférieur. Il faut que ce soit là, en haut, que la conscience établisse sa demeure et que le bas fournisse alors les matériaux, les forces brutes que le haut dirigera et fécondera. Efforcez-vous donc de vivre dans votre paradis et, de là, apprenez à utiliser les matériaux et les forces de votre enfer.

20 mai

*M*aintenant que vous vous êtes engagé sur le chemin divin, vous devez poursuivre inlassablement votre marche. L'un après l'autre, les obstacles cèdent devant celui qui ne s'arrête pas en chemin, car il a mis en mouvement les puissantes lois de la vie.

La vie spirituelle est comme l'ascension d'une haute montagne. Sur ces sentiers ardus, escarpés, il est impossible que vous ne passiez pas par des moments de faiblesse, de découragement, ou même de chute, mais ce n'est pas une raison pour vous arrêter. Pendant quelques jours vous vous sentirez mourir, et puis vous ressusciterez. Oui, au plus profond du découragement vous devez vous accrocher à cette mystérieuse lueur qui reste encore en vous. Elle vous dit que « la mort » que vous êtes en train de vivre sera suivie d'une résurrection. Personne mieux que vous ne peut vous secourir, car toutes les puissances sont en vous.

21 mai

*L*es forces de la nature ne sont en soi ni bonnes ni mauvaises : elles deviennent bonnes ou mauvaises suivant l'usage que l'on fait d'elles. Et il en est de même des esprits des quatre éléments : les gnomes, les ondines, les sylphes, les salamandres. Toutes ces entités qui habitent la terre, l'eau, l'air et le feu, ne sont en soi ni bonnes ni mauvaises ; elles acceptent de se mettre au service des humains, elles apprécient qu'on leur donne du travail, mais elles ne se préoccupent jamais du but, bénéfique ou maléfique, qu'on leur propose.

Quel que soit celui qui leur confie une tâche, les esprits de la nature l'exécutent : ils se soumettent à la volonté humaine qui réussit à les dominer, et c'est pourquoi tant de magiciens et de sorciers les utilisent pour des entreprises criminelles. On ne peut pas reprocher à ces esprits d'obéir, car ils sont ainsi faits, ils n'ont aucune conscience morale. C'est donc aux humains de se montrer vigilants et d'apprendre à les engager uniquement dans un travail divin.

22 *mai*

L'âme de l'homme est une infime parcelle de l'Âme universelle, et elle se sent si limitée, si à l'étroit dans son corps physique que son plus grand désir est de s'étendre à l'infini pour se fondre en elle. C'est une erreur de croire, comme on le fait généralement, que l'âme tient tout entière dans l'homme. En réalité, seule une petite partie de son âme se trouve en lui ; la presque totalité mène une vie indépendante dans l'océan cosmique.

Il est important d'avoir des notions justes sur la nature de ce principe spirituel qu'on appelle l'âme et sur ses activités. Non seulement elle ne reste pas enfermée dans le corps physique, mais elle le déborde largement, et tout en continuant à l'animer, elle voyage pour visiter les régions de l'espace les plus lointaines et les entités qui les peuplent. Dites-vous donc que votre âme dépasse de beaucoup ce que vous pouvez imaginer d'elle. Parce qu'elle est une partie de l'Âme universelle, elle cherche à se déployer dans l'espace, elle tend vers l'immensité, vers l'infini.

23 mai

Sous une forme ou sous une autre, tous les humains subissent une occupation : des intrus se sont installés chez eux. Oui, toutes ces habitudes préjudiciables à leur santé physique et psychique, voilà les intrus ! Innombrables sont les occupants auxquels l'homme doit faire face : chaque mauvais instinct qu'il n'a pas appris à repousser, la jalousie, la colère, la rancune, la cupidité, la gourmandise, la sensualité, l'orgueil, la vanité, etc.

Mais parmi tous les occupants possibles, le plus dangereux est certainement la paresse. Pourquoi ? Parce qu'elle s'agrippe à la volonté. On comprend ce qu'il faut faire, on sent qu'il faudrait le faire, mais la volonté n'est pas là ; et comme la volonté est le moteur de toute décision, ce sont les forces vives qui sont atteintes. Mais quand l'intellect a vraiment compris ce qui est beau et bon, et quand le cœur le souhaite, la volonté finit par être obligée de suivre. Alors, voilà la libération !

24 mai

*D*ans tous les pays, c'est la coutume d'apporter quelque chose aux personnes auxquelles on rend visite : un objet, des fleurs, des gâteaux, des bonbons, etc. C'est une très ancienne tradition, basée sur une loi, de ne jamais se présenter chez quelqu'un les mains vides. Et il est encore plus souhaitable d'aller au-devant des autres avec le désir de leur apporter de bonnes choses de son cœur et de son âme.

Tous nos gestes sont chargés de sens, et il est donc important de veiller à ne pas saluer quelqu'un le matin en tenant un récipient vide, sinon vous lui apportez du vide pour le reste de la journée. Quand vous devez rencontrer un ami, ne tenez jamais à la main un panier, un seau ou une bouteille vide. Si vous devez absolument porter un récipient, veillez à ce qu'il ne soit pas vide. Dans un seau, une bouteille, vous pouvez vous contenter de mettre de l'eau qui est encore la chose la plus précieuse aux yeux du Créateur. Et saluez cette personne avec la pensée que vous lui apportez la santé, la joie, la plénitude, toutes les bénédictions.

25 *mai*

Un enseignement spirituel vous apprend toujours comment vous dépasser, vous surpasser. Mais ce n'est évidemment qu'une façon de parler, car vous ne pouvez pas vous détacher de vous-même, tout est au-dedans de vous. C'est votre conscience qui s'élève pour atteindre des degrés plus élevés. Quand vous éprouvez la sensation d'avoir été projeté très haut, jusqu'aux étoiles, d'être entré en contact avec la lumière divine, en réalité c'est en vous-même que vous êtes allé plus loin, plus haut – on pourrait dire aussi plus profondément. Ce que vous avez atteint, c'est votre Moi supérieur. Et c'est lui qui vous donne toutes les possibilités de créer en vous des formes nouvelles, plus pures, plus harmonieuses.

Pour exprimer les réalités du monde spirituel, on a besoin d'utiliser un langage concret, celui du monde physique, comme s'il s'agissait d'un espace avec des distances, des volumes. Mais en réalité tout se passe en nous, dans notre Moi supérieur, notre Moi divin.

26 mai

*J*amais vous ne progresserez si vous ne vous arrêtez pas de temps à autre pour réviser votre vie, en réfléchissant à ce que vous avez fait, à ce que vous avez dit, afin de prendre conscience de vos maladresses et de vos erreurs. Bien sûr, vous serez amené à faire des constatations qui ne vous réjouiront pas, vous serez triste et même honteux. Mais cela vaut mieux que d'être inconscient. C'est ainsi qu'on éprouve le besoin de s'améliorer.

Cependant, pour que cette tristesse ne devienne pas un sentiment destructeur, vous devez rétablir l'équilibre. Comment ? En étant heureux de ce que sont les autres. Cette attitude positive vous empêchera de tomber dans le découragement ou même le désespoir. Cherchez le beau et le bien chez tous les êtres, et particulièrement chez ceux qui, par leurs talents, leurs vertus, ont contribué à l'évolution de l'humanité. Prenez-les pour modèles. Ainsi, en même temps que vous constaterez vos faiblesses, vos lacunes, vous vous projetterez dans l'avenir. Vous pourrez même vous voir en possession des qualités que vous appréciez tellement chez les autres, et plus jamais vous ne perdrez courage.

27 *mai*

Depuis la terre jusqu'aux étoiles, l'univers entier obéit à la loi de la hiérarchie, c'est-à-dire que les éléments les plus grossiers, les plus lourds, s'accumulent en bas, tandis que les éléments les plus légers, les plus purs, ont tendance à s'élever. C'est une loi physique que l'on retrouve aussi dans le plan psychique.

Le disciple qui connaît cette loi s'efforce de monter très haut par la méditation, la contemplation, la prière, afin de capter des particules de matière subtile avec lesquelles il construira ses corps spirituels. Et comme à ces matériaux sont liées des énergies, des entités, plus ils sont purs, plus les énergies et les entités qui leur sont attachées sont vivantes et rayonnantes. C'est ainsi qu'en remplaçant les particules usées de son corps par des particules nouvelles, le disciple ouvre en même temps la porte de son âme à des visiteurs qui lui apporteront les plus beaux présents.

28 mai

Quoi de plus ordinaire que de se laver les mains ? Mais en réalité, rien n'est ordinaire, rien n'est insignifiant si on y met sa conscience. L'eau que l'on touche est l'expression matérielle d'une eau invisible qui circule à travers l'univers, et vous pouvez donc entrer en communication avec cette eau cosmique en lui demandant de vous purifier. Et comme elle a aussi un grand pouvoir de réceptivité, d'absorption, vous pouvez lui confier vos pensées, vos sentiments, vos souhaits les meilleurs pour vous-même et pour tous les humains dans le monde : elle s'en imprégnera et les transportera partout où elle passera.

Certains vont protester : « Parler à l'eau pour que nos souhaits se réalisent ? Vous nous conseillez d'agir comme des païens ! » Non, ce n'est pas plus païen que lorsque les chrétiens prient devant une statue ou une image sainte. Quand vous vous adressez à l'eau, ce n'est pas parce que vous la considérez comme une divinité qui va exaucer vos prières : elle représente un support pour votre travail intérieur, et un support d'autant plus efficace qu'il est vivant, vivant de la vie de Dieu Lui-même. Et c'est également vrai pour la terre, l'air et le feu.

29 *mai*

*E*n vous engageant sur la voie de la véritable évolution, vous êtes semblable au voyageur qui passe une frontière. Comme vous transportez avec vous toutes sortes de bagages hétéroclites accumulés depuis des millénaires, vous êtes arrêté par des douaniers qui vous disent : « Mon ami, le chemin est long et rude, ces objets dont tu t'es chargé sont encombrants, inutiles et même nuisibles, tu dois les laisser ici. » Et ils vous obligent à vous débarrasser de ce qui est pesant, obscur et qui vous empêche de vibrer à l'unisson avec la pureté et la lumière que vous voulez atteindre.

Ce passage de la frontière n'est pas facile, car il est toujours douloureux de renoncer. Mais puisque vous désirez vous élever, vous devez en accepter le prix. Persévérez et vous passerez bientôt une autre douane, la frontière d'une autre région, jusqu'à ce que vous arriviez complètement libéré dans cette contrée céleste où vous vous fusionnerez avec la Source de la vie éternelle.

30 mai

*E*n créant l'homme à son image, Dieu l'a fait aussi puissant que Lui. Alors, pourquoi se montre-t-il si faible ? Parce qu'il ignore où est sa force. Sa force n'est pas dans sa capacité d'exiger, de s'imposer, elle est dans son pouvoir de dire non. Cela signifie que personne au monde ne peut l'obliger à faire ce qu'il ne veut pas. Même si tout l'Enfer se liguait contre lui pour l'obliger à agir contre sa volonté, il ne pourrait pas le contraindre. Et même Dieu ne peut pas contraindre l'homme ! C'est pourquoi, s'il savait où est sa vraie puissance, il résisterait à toutes les séductions, à toutes les tentations, il ne commettrait aucun acte mauvais. S'il est faible et commet des fautes, c'est qu'il y consent.

Les esprits ténébreux du monde invisible ont le pouvoir de tenter l'homme et de l'éprouver. C'est Dieu Lui-même qui leur a donné ce pouvoir. Mais l'homme a toujours, lui, le pouvoir de dire non au mal. C'est l'ignorance de son origine divine qui le rend tellement faible.

31 mai

*O*n m'a souvent demandé d'expliquer ce qu'est un Initié. Je peux seulement répondre qu'un Initié est un être qui a commencé à comprendre qu'il doit donner de plus en plus de place à l'intelligence, à la raison, qui sont les facultés du mental supérieur. Chaque jour il se concentre, réfléchit, médite ; il ne cesse de consulter ce principe spirituel en lui, et il le supplie de le guider, de l'éclairer.

C'est en prenant l'habitude de se tourner toujours vers le haut pour chercher, demander, que les êtres progressent, car les énergies en eux changent alors de direction. Jusque-là, elles les maintiennent dans les régions inférieures de la conscience où elles provoquent égarements, désordres et destructions. Mais dès qu'ils prennent l'habitude de regarder vers le haut, de chercher leur orientation en haut, leurs pensées, leurs sentiments, leurs actes sont transformés par les puissances de leur mental supérieur et ils marchent sur le chemin de l'Initiation.

1er juin

L'importance du commencement... Comment vous faites un premier geste ou un premier pas, dans quel état d'esprit, dans quelle intention, c'est de ce commencement que dépendent les résultats que vous obtiendrez tout au long de votre vie, les succès ou au contraire les échecs.

Vous êtes surpris : comment un petit détail peut-il déterminer tout un enchaînement de circonstances ? Mais observez-vous. Si vous vous mettez en marche dans un état d'agitation, vous déclenchez en vous des forces chaotiques. Et si, dans cet état, vous allez au travail ou rendez visite à quelqu'un, plus vous vous rapprochez du but, plus vous êtes agité : vous ferez alors des gestes maladroits, vous prononcerez des paroles imprudentes. Que de dégâts ensuite à réparer... si encore il est possible de les réparer ! Au contraire, quand vous veillez à faire le premier pas dans un état de paix, d'harmonie, plus vous avancez, plus vous sentez que vous trouvez la bonne attitude, les paroles convenables à prononcer. Quoi que vous entrepreniez, veillez donc toujours à bien commencer.

2 *juin*

*M*éditez sur l'image de la source, cette eau cristalline qui jaillit de la terre et ne cesse de couler. Même si on y jette quelques saletés, le courant les emporte. C'est ce jaillissement ininterrompu de l'eau qui fait que la source reste toujours limpide, toujours vivante, toujours pure.

Alors, prenez la source pour modèle, faites jaillir la vie en vous, faites jaillir l'amour, et vous serez toujours protégé. Les mauvaises influences, les critiques, les méchancetés, vous ne les sentirez pas. Vous ne vous apercevrez même pas qu'on a essayé de vous salir ou de vous faire du mal, car tout ce qui pourra vous arriver de mauvais, comme la source vous le rejetterez.

3 juin

*T*out ce qui nous arrive ne prend sens et valeur que dans la mesure où nous sommes décidés à en tirer parti. À ce moment-là, même les échecs, les opprobres se transforment en pierres précieuses ; tandis que les succès, les honneurs finissent par se retourner contre ceux qui ne savent pas les utiliser pour le bien.

Le Créateur a placé en nous tout ce dont nous avons besoin pour faire face à chaque situation. Il nous a équipés d'un laboratoire dans lequel nous pouvons chaque jour entrer et travailler. Les liquides, les poudres, les gaz, ainsi que leur mode d'emploi, sont là dans notre laboratoire intérieur. Tous les êtres, même les plus déshérités, les réprouvés, les criminels possèdent les éléments nécessaires pour se régénérer. Ils ont accumulé en eux tellement d'obstacles qu'il leur est maintenant très difficile d'accéder à ce laboratoire. Mais qu'ils cherchent, qu'ils fassent des efforts, qu'ils gardent confiance : le salut est là, en eux.

4 juin

*L*es humains ont une certaine apparence physique qui fait qu'on les reconnaît comme tels : devant certaines formes physiques, on ne peut pas se tromper. Mais intérieurement, ils ont la faculté de s'identifier à tout ce qui existe autour d'eux et c'est ce qu'ils font plus ou moins inconsciemment tout au long d'une journée : quelque chose en eux ne cesse, par mimétisme, de s'identifier à ce qu'ils touchent, voient, entendent… Ils doivent donc être vigilants.

Chaque jour nous devons nous arrêter quelques instants pour nous demander à qui ou à quoi nous sommes en train de nous identifier. Car les êtres et les choses auxquels nous nous identifions, voilà ce que nous deviendrons tôt ou tard. Et Jésus qui a dit : *« Je suis la lumière du monde »,* a dit aussi : *« Vous êtes la lumière du monde ».* C'est donc à la lumière que nous devons nous identifier pour devenir réellement, un jour, pure lumière.

5 juin

*V*ous avez commis une faute et vous ressentez du remords, de la honte ? C'est normal, et c'est même une bonne chose, car on ne peut pas se corriger si on ne prend pas conscience des erreurs qu'on a commises. Mais ces remords ne doivent servir qu'à une chose : décider de ne pas recommencer ces mêmes erreurs. Sinon, ils sont inutiles et même nuisibles. Ceux qui reviennent sans cesse sur leurs fautes et se laissent écraser par le remords remuent la lie de leur subconscient et attirent des forces négatives. Qu'ils ne s'imaginent pas que cette attitude réjouisse le Seigneur et qu'Il apprécie de voir les humains se frapper continuellement la poitrine.

Vos expériences malheureuses doivent seulement vous servir à trouver le chemin de la sagesse. Ne les ressassez pas, oubliez-les même, et présentez-vous devant le Seigneur en disant : « Mon Dieu, j'ai commis des erreurs, mais puisque je suis ton enfant, je sais que Tu m'as donné ta lumière et ta force. Aide-moi à les manifester, afin que je Te glorifie sur la terre comme les anges Te glorifient dans le Ciel. »

6 juin

*M*ême les entités les plus puissantes du monde divin ne peuvent pas agir directement sur la terre afin d'y installer l'ordre et la paix. Pourquoi ? Parce qu'elles ne sont pas faites de matière physique. Pour intervenir, il faut que ce soient les humains eux-mêmes qui leur en donnent la possibilité. Tant qu'il n'y a pas un traître à l'intérieur d'une forteresse pour ouvrir le passage aux ennemis, elle reste imprenable. Sur la terre il faut aussi des « traîtres » ! Puisqu'elle est comme une forteresse dont tellement d'occupants s'opposent à la venue des esprits lumineux qui veulent le bonheur des humains, il faut des traîtres, ou si vous préférez des alliés, pour leur ouvrir les portes.

Sur la terre les humains sont aussi puissants que toutes les armées célestes, et s'ils veulent leur tenir tête, elles ne peuvent rien faire. C'est pourquoi le Ciel cherche des alliés, et les spiritualistes sont justement ces alliés : grâce à eux le Ciel peut se faufiler dans cette citadelle qu'est la terre pour y faire régner plus de justice et plus d'amour.

7 juin

*L*a nudité est un trait caractéristique de la vérité. Oui, seule la vérité est nue. Donc, pour s'élever jusqu'à ce dépouillement qui caractérise la vérité, chacun doit travailler à se libérer de toutes les couches opaques en lui qui le rendent imperméable aux influences du monde divin. Lorsqu'il parvient à cette nudité, il peut aller très haut afin de recevoir des messages, des conseils, la sagesse, l'amour, l'aide de Dieu.

Devant le Ciel il faut se présenter nu, c'est-à-dire dépouillé de son égoïsme, de ses calculs, de ses opinions erronées. Plus on se dépouille, plus on s'élève. Ensuite, quand on redescend – car on est toujours obligé de redescendre : tant qu'on est sur la terre, il faut s'acquitter aussi des devoirs de la terre – on « se rhabille », c'est-à-dire on reprend ses activités, ses projets, les relations avec sa famille, ses amis, ses voisins, etc. Pour la terre, pour la société, il est nécessaire de s'habiller un peu, mais pas pour le Ciel. Le Ciel n'aime que les êtres « nus ».

8 juin

L*'*argent, les cadeaux, la violence, l'envoûtement, la magie… aucun de ces moyens ne peut obliger un être à en aimer un autre. L'âme et l'esprit sont fille et fils de Dieu et rien ni personne n'a le pouvoir de les contraindre. Voici une femme qui cherche à forcer l'amour d'un homme en utilisant la magie. Même s'il finit par céder, en réalité, ce n'est pas son âme qui la désire : la magie qu'elle a exercée sur lui a seulement attiré des entités qui sont entrées dans cet homme pour la satisfaire à travers lui. Et ces créatures ne sont pas des entités lumineuses (les entités lumineuses résistent à de telles pratiques), mais des créatures de l'astral inférieur. Cette femme se croit aimée, alors que non seulement elle n'est pas aimée, mais les créatures qu'elle a attirées vont psychiquement la dévorer, l'épuiser. Elle payera donc très cher le semblant d'amour qu'elle aura obtenu.

Le seul moyen inoffensif de se faire aimer d'un être, c'est de ne penser que du bien à son sujet, de ne lui envoyer que des pensées lumineuses et pures. C'est aussi de la magie, mais de la magie blanche, la seule permise.

9 juin

*L*a ligne droite est le plus court chemin d'un point à un autre, c'est bien connu. Mais est-il conseillé d'emprunter toujours la ligne droite ? Si vous voulez traverser une ville, par exemple, vous pourrez difficilement le faire en ligne droite sans vous heurter à des immeubles, des voitures et des piétons ; de même, dans cet immense territoire qu'est la vie où se pressent des multitudes de créatures, vous arriverez rarement à atteindre directement un but sans vous heurter à des intérêts contraires aux vôtres.

Il est donc préférable parfois de choisir la ligne courbe, c'est-à-dire ne pas se présenter devant les autres en disant tout de suite : « C'est moi. Je me présente. J'ai des projets, laissez-moi passer pour les réaliser. » Prenez plutôt des chemins détournés en commençant par passer par des endroits où vous ne rencontrerez pas d'obstacles. Et comme toutes les occasions ne sont pas également favorables, attendez aussi le meilleur moment pour passer. Cela signifie que pour réaliser tous ses bons projets, il vaut mieux éviter de s'imposer tout de suite, mais faire preuve de psychologie, de patience, de souplesse. C'est cela, suivre la ligne courbe.

10 juin

***P**arfois vous vous sentez vulnérable, tout ce qui se produit de mauvais autour de vous vous atteint, vous bouleverse : les événements, le comportement des êtres à votre égard, etc. Pour ne pas vous laisser atteindre par le mal, il ne vous reste qu'à lui échapper en vous élevant jusque dans des régions où il n'aura plus prise sur vous. Vous direz : « Mais ces régions existent ? » Oui, elles existent en vous-même, comme elles existent dans l'univers ; si vous ne vous en êtes pas encore rendu compte, c'est que vous n'avez pas tellement l'habitude de vous observer.

Alors, désormais, observez-vous : vous constaterez que des événements qui dans certaines circonstances vous ont attristé, découragé, s'ils se reproduisent dans des circonstances différentes, ne vous touchent plus. Pourquoi ?… Est-ce que vous avez perdu toute sensibilité ? Non, mais à ce moment-là, pour certaines raisons, vous vous trouvez projeté à un niveau de conscience où ils ne vous atteignent pas. C'est donc bien la preuve qu'il y a des régions en l'homme où le mal n'a plus de prise.

11 juin

*L*a lumière que nous voyons est en réalité la matérialisation de la lumière primordiale. Et cette lumière primordiale, première émanation de Dieu, c'est le Soleil cosmique, le Christ. Car l'esprit qui se manifeste et qui nous parle à travers le soleil est l'esprit du Christ, et si nous apprenons comment nous lier à lui, il nous donnera toutes ses bénédictions : la lumière, la chaleur, la vie, la beauté, la pureté, la santé… Mais pour cela, il ne suffit pas d'aller s'exposer au soleil comme le font la plupart des gens, c'est-à-dire instinctivement, pour le plaisir, sans la participation de leur conscience ; les quelques rayons qu'ils reçoivent à ce moment-là ne leur apportent pas grand-chose.

Pour recevoir du soleil des éléments véritablement divins, c'est votre esprit qui doit aller le toucher et entrer en contact avec lui, le pénétrer, se fondre en lui… Oui, votre esprit, pas seulement votre peau ! S'exposer physiquement au soleil, c'est bien ; mais si votre conscience, votre intelligence, votre esprit participent à cette rencontre avec lui, il vous donnera la connaissance, l'illumination.

12 juin

Combien de terres sont devenues des déserts à cause du manque d'eau ! Mais aussi combien de déserts où l'on a pu amener l'eau ont été transformés en terres fertiles ! L'eau, c'est la vie qui circule. Celui qui veut devenir une terre fertile doit laisser toujours couler l'eau de la vie en lui, sans s'occuper de savoir quels arbres vont pousser, fleurir et donner des fruits, ni quels oiseaux viendront chanter dans ces arbres.

Quelqu'un dira : « Mais moi je veux savoir à l'avance quelle sera la place de cet arbre-là, ou de cet oiseau, et sur quelle branche il ira chanter. » S'il attend de connaître tous ces détails avant de se décider à laisser couler l'eau, des siècles passeront et aucune herbe ne poussera, aucun oiseau ne chantera. Laissez donc couler l'eau, vous verrez alors comment tout trouvera sa place, comment tout chantera, tout fleurira. Laisser couler l'eau, cela signifie ne jamais cesser d'aimer. Quoi qu'il vous arrive, ne fermez jamais votre cœur, car c'est alors le désert que vous laissez s'installer en vous. Les autres n'ont peut-être pas besoin de votre amour, mais vous, vous avez besoin d'aimer.

13 juin

De celui qui est facilement blessé, vexé, on dit qu'il est sensible. Non, la véritable sensibilité est une ouverture totale à la beauté et à la lumière du monde divin, et une fermeture à toutes les laideurs et les absurdités du monde humain. Donc, ce que l'on appelle généralement sensibilité, c'est-à-dire la capacité de ressentir douloureusement l'indifférence, le mépris, les critiques, les vexations, n'est en réalité que de la susceptibilité, de la sensiblerie. Alors, pauvres malheureux pour qui ni le Ciel, ni les anges, ni les amis, ni la beauté n'existent, mais seulement les gens injustes, méchants et mal intentionnés !

Il ne faut pas confondre sensibilité et sensiblerie. La sensiblerie est la manifestation maladive d'un « moi » pauvre, mesquin, étroit, névralgique. La sensibilité, au contraire, est un degré supérieur de l'évolution qui met un être en relation avec les régions célestes et lui permet de vibrer à l'unisson avec toute la beauté de l'univers.

14 juin

Quel est le seul vrai Dieu, laquelle parmi toutes les religions est supérieure aux autres… il ne faut plus se poser ce genre de questions, ni attendre qu'une religion vous présente de l'extérieur tel ou tel Dieu à adorer. Dieu, c'est en vous-même que vous devez Le chercher. Tant que vous Le chercherez à l'extérieur, dans le ciel ou ailleurs, il y aura toujours entre Lui et vous une distance, une séparation, et vous ne Le trouverez pas.

Et ce qui est plus grave encore, c'est qu'en cherchant Dieu à l'extérieur de vous, vous vous séparez de votre vrai Moi. Donc, vous n'arrivez pas à vous retrouver vous-même et vous passez par toutes sortes d'états contradictoires : un moment vous vous sentez dans la paix, le sens de la vie vous apparaît clairement, et puis tout à coup vous êtes angoissé, troublé, tout s'obscurcit. Tant que l'être humain ne cherche pas la Divinité en lui-même, tant qu'il ne travaille pas à s'identifier à Elle, il tâtonne, il se sent tiraillé, vacillant.

15 juin

Il est naturel d'avoir peur. Mais cet instinct si nécessaire à la survie de l'espèce humaine peut prendre des formes tout à fait irrationnelles, tellement irrationnelles qu'au lieu de les sauver il a causé la perte de quantité d'hommes et de femmes. C'est pourquoi il ne faut pas attendre d'avoir à affronter de grands périls pour s'exercer à vaincre la peur.

Chaque jour, vous avez des occasions de vous trouver brusquement confronté à des faits, des situations qui peuvent vous inspirer de la crainte. Une personne, par exemple, menace de vous priver de quelque chose à quoi vous tenez, de s'opposer à un de vos bons projets… Au lieu de laisser le trouble pénétrer en vous et de riposter de façon agressive, de partir en claquant la porte, etc., taisez-vous, restez tranquille, car si vous réagissez impulsivement cela ne fera qu'aggraver les choses. Qui sait si ces menaces seront vraiment mises à exécution ? Et en admettant même qu'elles le soient, vous arriverez mieux à faire face si vous savez garder votre sang-froid. Tâchez de vous remémorer toutes les occasions où, par peur de ce que vous considériez comme un danger, vous avez réagi impulsivement et l'avez ensuite regretté.

16 juin

*V*ous êtes occupé à une chose ou une autre, et tout à coup vous éprouvez une sensation de vide, d'angoisse… C'est le signe qu'un intrus essaie de se faufiler en vous. Ou bien, c'est votre conscience qui, en voyageant, s'est égarée dans une région hostile, car cela aussi peut arriver, et à n'importe qui.

Lorsque vous éprouvez une telle sensation, ne restez pas là sans rien faire, parce qu'elle est comme une porte ouverte à des événements beaucoup plus graves qui s'ensuivront automatiquement si vous tardez à réagir. Jetez tout de suite un regard en vous-même pour comprendre ce qui vous a amené là. Puis, par la prière, la méditation, cherchez à retrouver le chemin qui vous conduira vers les esprits de la lumière et de la paix, et dites-leur que c'est à eux que vous voulez ouvrir votre demeure.

17 juin

*M*éditez sur la puissance du soleil qui pénètre la terre de ses rayons. C'est grâce à eux qu'elle se couvre d'une végétation abondante. Herbes, légumes, céréales, fruits, le monde entier est nourri grâce à cette pénétration de la terre par le soleil.

Et vous, que faites-vous sous les rayons du soleil ? Ne sentez-vous pas qu'il y a là tout un travail qui vous attend ? Par la méditation, vous pouvez concentrer ces rayons sur vous, afin qu'ils vous pénètrent, tout comme pénètrent en vous la nourriture, l'eau et l'air. Oui, c'est possible : en étant conscient qu'à travers ses rayons le soleil vous donne sa vie, vous vous préparez à les recevoir ; vous ouvrez en vous-même des milliers de portes par lesquelles ils peuvent entrer. Et non seulement vous améliorez votre santé, mais vous purifiez vos sentiments, vous éclairez vos pensées.

18 juin

L'Église enseigne que le baptême est une purification par l'eau destinée à laver l'être humain du péché originel. Après cette cérémonie il est admis dans la communauté des chrétiens. Il n'y a évidemment rien à dire contre le sacrement du baptême, à condition d'en comprendre véritablement le sens. Baptiser un enfant ou un adulte fait de lui un chrétien, c'est entendu. Mais celui qui n'a pas reçu le baptême chrétien n'est pas pour autant une âme en perdition, égarée dans les ténèbres. Et celui qui l'a reçu ne doit pas s'imaginer que cela suffit pour faire son salut : c'est à lui de travailler ensuite toute sa vie pour conserver, amplifier les effets du baptême.

On baptise un enfant, on le lave du péché originel – admettons – c'est bien, mais ce que le prêtre a déposé en lui au moment du baptême, toute sa vie il devra ensuite s'efforcer de le maintenir, de l'enrichir. Si, une fois adulte, il ne travaille pas chaque jour, consciemment, de tout son cœur, de toute son âme, à se purifier, le baptême ne lui sert plus à grand-chose. C'est lui qui doit chaque jour contribuer à son salut.

19 juin

Il est inutile de discuter sur l'amour physique et l'amour spirituel pour décider de ce qu'il y a de meilleur pour les êtres. Tout dépend des aspirations profondes de chacun. Vous prenez la résolution de diminuer ou même de supprimer les contacts physiques avec un homme ou une femme vers qui vous vous sentez attiré : sachez que cela n'a de sens que si c'est pour mieux goûter l'amour dans ses manifestations spirituelles. Celui qui veut renoncer à l'amour physique sans chercher l'amour dans le plan spirituel, s'expose à de grands dangers, car il ne donne pas à cette énergie des conditions pour s'exprimer harmonieusement.

La continence, la chasteté ne doivent donc pas être vécues comme des privations. Connaître l'amour spirituel ne consiste pas à se priver, mais seulement à se déplacer, c'est-à-dire à vivre en haut, dans les régions de l'âme et de l'esprit, ce que la plupart des hommes et des femmes vivent en bas dans le plan physique. Au lieu de boire une eau stagnante, vous irez boire l'eau qui jaillit de la source. Ne pas boire du tout, c'est la mort. Il faut boire, oui, mais l'eau céleste.

20 juin

Pour qu'une semence produise un arbre, quatre conditions sont nécessaires : la mettre en terre, l'arroser, lui laisser de l'air et lui assurer la chaleur et la lumière du soleil. Les quatre éléments sont donc là présents : la terre, l'eau, l'air et le feu. Au fur et à mesure que les racines s'enfoncent dans le sol, il sort une petite tige qui devient peu à peu un tronc ; ce tronc se ramifie en branches sur lesquelles poussent des bourgeons ; quand les bourgeons éclatent, les feuilles et les fleurs apparaissent, et ces fleurs donneront des fruits. Enfin, les fruits produisent à nouveau des semences, et le cycle recommence.

Tout ce qui existe dans l'univers passe d'une certaine manière par les mêmes phases : racines, tronc, branches, feuilles, fleurs, fruits ; et c'est cette succession des mêmes phases qui assure la perpétuation de la vie. Selon les créatures, et selon les différents règnes ou plans où ils se produisent, certains processus sont plus longs, d'autres plus courts. Pour les arbres fruitiers, ces processus se répètent invariablement tous les ans, et les quatre saisons en sont les quatre étapes.

21 juin

Que sait-on vraiment des relations de l'homme et de l'animal ? Il arrive, par exemple, que des âmes humaines soient condamnées à habiter dans des corps d'animaux afin d'expier des fautes commises dans une existence antérieure. La loi karmique les place dans cette situation pour une durée déterminée et elles travaillent avec l'âme de l'animal sans la déloger... Il arrive aussi que des êtres très évolués entrent pour quelque temps dans le corps de certains animaux : ils veulent étudier cet univers encore si mal connu des humains.

Et voici encore un autre aspect de ces relations. D'après leur nature, leur mode de vie, les animaux sont prédestinés à retenir en eux les bons ou les mauvais fluides qui circulent dans l'atmosphère. Les humains peuvent ainsi se décharger sur eux des forces négatives qui les tourmentent, et c'est ce que font inconsciemment beaucoup de personnes avec leurs animaux domestiques. C'est également de cette façon que s'explique le passage des Évangiles où Jésus débarrasse un homme de ses démons en les faisant entrer dans des pourceaux.

22 *juin*

*L*a nuit, pendant le sommeil, vous avez de bonnes conditions pour vous instruire dans le monde invisible. Et même si vous ne gardez aucun souvenir précis de ce que vous avez appris, parfois, le lendemain, vous pouvez sentir que des éléments nouveaux se sont ajoutés à votre compréhension des choses.

Chaque jour est une nouvelle existence. Chaque matin vous naissez au monde, chaque soir vous quittez le monde et il est important que vous viviez bien ce moment, car il prépare les conditions pour le jour suivant. Quelle que soit la journée que vous venez de passer, au moment de vous endormir efforcez-vous de chasser tout ce qui peut obscurcir votre conscience. Appelez les meilleures pensées et les meilleurs sentiments afin qu'ils vous accompagnent dans ce voyage sacré que vous allez faire dans l'autre monde. Le lendemain vous entrerez dans la nouvelle journée avec des sensations de lumière, de paix et de joie.

23 juin

*L*a lune, astre des nuits, règne sur les eaux, sur les eaux cristallines comme sur les eaux polluées. C'est pourquoi elle est l'astre de la magie blanche comme de la magie noire. Les Initiés ont étudié ces deux aspects pur et impur, bénéfique et maléfique de la lune. Dans la mythologie, ils étaient personnifiés par la déesse Diane (ou Artémis) appelée la chaste Diane, et par la déesse Hécate, divinité infernale. La face cachée de la lune, le cône d'ombre, a la propriété d'absorber le mal qui se fait sur la terre ; car les pensées et les sentiments se déplacent, et les pensées, les sentiments des humains inspirés par le mal sont aspirés par ce cône d'ombre. C'est de cette région que les sorciers attirent les entités ténébreuses qui tourmentent et égarent les humains, et de là aussi qu'ils puisent les éléments pour leurs envoûtements et leurs conjurations. Quant à l'autre face de la lune, elle est exposée à l'influence purificatrice du soleil.

Si vous apprenez à vous concentrer sur les régions supérieures de la lune, vous vous purifiez. Pour être aidé dans cet exercice, vous pouvez tenir à la main un objet en argent ; car de même que le soleil a des affinités avec le feu et l'or, la lune a des affinités avec l'eau et l'argent. Liez-vous aussi à l'Archange Gabriel, qui est l'Archange de la lune, comme Mikhaël est l'Archange du soleil.

24 juin

Quand vous ressentez une grande joie, ne vous y abandonnez pas sans retenue. Au contraire, soyez vigilant et même attendez-vous à subir bientôt quelques désagréments de la part des événements ou des personnes de votre entourage. Si vous êtes insouciant, négligent, vous serez pris au dépourvu.

C'est une loi : étant donné que tout est lié, lorsqu'un mouvement se produit dans une certaine région, un mouvement inverse se déclenche automatiquement dans une autre. Alors, quand vous apprenez une bonne nouvelle, par exemple, ou que vous remportez un succès, soyez tout de suite en alerte, sachez qu'un courant négatif se prépare déjà à vous attaquer et préparez-vous à vous défendre. Ne vous laissez pas surprendre, sinon vous risquez de perdre tout ce que ce moment de grâce vous a apporté de bon.

25 juin

*A*pprenez à mobiliser vos pensées, vos désirs, et même toutes les tendances de votre nature inférieure, pour la réalisation d'un idéal sublime. Ce travail d'unification, d'harmonisation, le soleil peut aussi vous aider à le réaliser. En le regardant se lever, le matin, pensez que votre conscience s'approche de votre propre soleil, votre esprit, votre Moi supérieur, pour se fusionner avec lui. Lorsque vous serez parvenu à pacifier et unifier toutes les forces contraires qui vous tiraillent pour les lancer dans une seule direction lumineuse, divine, vous deviendrez un foyer tellement puissant que vous serez capable de rayonner dans toutes les directions, comme le soleil.

Un être qui est arrivé à régler ses propres problèmes est libre, et il peut commencer à penser aux autres. Grâce à la liberté qu'il a acquise, il élargit le champ de sa conscience à tout le genre humain, et comme le soleil il envoie la surabondance de lumière et d'amour qui déborde de lui… Mais avant de pouvoir rayonner, il doit apprendre à concentrer toutes les puissances de son être et à les orienter dans une seule direction.

26 juin

*L*e Maître Peter Deunov disait : « Si vous nourrissez en vous l'idée de l'amour sous sa forme la plus sublime, vous obtiendrez l'aide de milliers et de milliers d'âmes aimantes, car l'amour sous-entend le travail collectif d'une multitude d'âmes liées entre elles par cette idée de l'amour. L'amour divin est la plus grande force qui existe. Ne doutez jamais de cette vérité, afin que les âmes qui travaillent en son nom demeurent toujours auprès de vous ».

Ces paroles méritent d'être méditées, mastiquées, digérées, car elles nous ouvrent des horizons extraordinaires. Quand nous serons parvenus à cette conception divine de l'amour, nous attirerons d'en haut des milliers d'âmes qui viendront nous aider, nous soutenir. Le langage humain est faible pour exprimer la joie de ceux qui reçoivent la visite d'un tel amour. Il leur suffit d'apercevoir en passant le visage d'un homme ou d'une femme pour se sentir dans la plénitude.

27 *juin*

*A*utomatiquement, distraitement, vous introduisez tous les jours des clés dans des serrures sans voir que vous répétez là, symboliquement, le travail de l'esprit (la clé) dans la matière (la serrure). Mais étudiez ce que sont une clé et une serrure, et vous aurez alors des clés pour ouvrir des serrures auxquelles vous n'avez encore jamais pensé. Oui, les oreilles, la bouche, les narines, les yeux, voilà des serrures ; et le cerveau lui-même est une serrure. Lorsque vous en aurez pris conscience, vous serez en possession des clés qui ouvrent les portes de la nature, et aussi des portes en vous-même.

Et que sont l'intellect, le cœur et la volonté ? Des portes par lesquelles circulent nos pensées, nos sentiments, nos énergies. Et les clés pour ouvrir ces portes sont la sagesse, l'amour et la vérité. La sagesse ouvre l'intellect, l'amour ouvre le cœur, et la vérité ouvre la volonté. Chaque fois que vous avez un nouveau problème à résoudre, essayez ces clés. Vous ne réussissez pas avec la première ? Essayez la deuxième. La deuxième n'ouvre pas non plus ? Essayez la troisième. Si vous savez comment opérer, il est impossible qu'une de ces trois clés ne finisse pas par résoudre votre problème.

28 juin

*L*e temps a pris pour les humains une importance démesurée. Écoutez-les parler et vous entendrez revenir les mêmes phrases : « Je n'ai pas le temps… Combien de temps ça me prendra ?… Je veux gagner du temps… » Eh bien, dans la vie spirituelle il ne faut pas se préoccuper du temps. Si vous vous fixez des délais pour triompher de tel ou tel de vos défauts, pour obtenir tel pouvoir psychique ou telle révélation intérieure, vous ne réussirez qu'à vous crisper et votre développement ne se fera pas harmonieusement.

Vous devez travailler à vous perfectionner sans jamais vous fixer de délai. Vous avez l'éternité devant vous ! Un jour, nécessairement, vous arriverez à atteindre cette perfection à laquelle vous aspirez. Arrêtez-vous seulement sur la beauté du travail que vous avez entrepris et dites : « Puisque c'est tellement beau, je ne me préoccupe pas de savoir s'il me faut des siècles ou des millénaires pour y arriver : je travaille, c'est tout. »

29 juin

*L*es hommes et les femmes qui s'aiment éprouvent le besoin de se rencontrer, de se rapprocher, de vivre ensemble, et c'est naturel. Mais si une véritable dimension intérieure manque à leur relation, on peut déjà prédire la fin de leur amour.

Quand vous vous sentez habité par la présence subtile d'un être, vous constatez que vous n'avez pas nécessairement besoin de sa présence physique pour vous sentir avec lui. Si vous ressentez fortement le besoin de sa présence physique, c'est que vous êtes en train de sortir de votre monde intérieur, et là, vous risquez d'aller au-devant de grandes souffrances. Car qui dit que les circonstances ne vous priveront pas un jour ou l'autre de cet être que vous aimez ?... Lorsque vous êtes habité par une présence intérieure, les circonstances extérieures ont moins de prise sur vous. C'est un critère : si, en pensant à ceux que vous aimez, vous ressentez autant de joie qu'en les voyant, vous êtes libre, et cette joie ne vous quitte plus.

30 juin

*L*es prières, le jeûne, les ablutions, etc., toutes les pratiques prescrites dans les religions du monde entier ont pour fonction de préparer les êtres à recevoir correctement les courants et les messages du Ciel. Mais le plus important, ce ne sont pas les pratiques elles-mêmes. Le plus important, c'est la volonté d'entreprendre un travail intérieur de dépouillement, de purification : améliorer ses pensées, ses sentiments et ses actes. Celui qui n'est pas décidé à accomplir ce travail ferait mieux de laisser la spiritualité de côté, sinon il deviendra un danger pour lui-même et pour les autres.

Tant qu'on ne s'est pas débarrassé de certains préjugés et parti pris, rien n'est plus dangereux que les pratiques spirituelles : elles donnent l'illusion à celui qui s'y livre de pouvoir être un messager, un instrument du Ciel. C'est ainsi qu'on a vu des gens devenir les bourreaux de leur famille ou même de leur peuple. Seul celui qui a travaillé sur le désintéressement et l'amour des autres est capable d'entendre et de transmettre les messages du Ciel.

1er juillet

*F*aire chaque jour les mêmes exercices, réciter les mêmes prières, observer les mêmes règles de conduite, tout cela est bien ennuyeux, pensent parfois les disciples d'un Enseignement spirituel. Mais alors, pourquoi ne trouvent-ils pas ennuyeux de manger trois fois par jour le même pain, de boire la même eau ? Ils prennent tous les jours à peu près la même nourriture pour être capables d'apprendre, de travailler, d'aimer, c'est-à-dire tout simplement de vivre. Eh bien, dans le plan spirituel aussi il est nécessaire de se nourrir, et non pas une fois par semaine en allant à l'église, au temple, à la synagogue ou à la mosquée. C'est tous les jours qu'il faut se nourrir des mêmes aliments célestes pour devenir capable de vivre la vie de l'âme et de l'esprit.

Qu'est-ce qu'un enfant de Dieu ? Celui qui sait manger chaque jour le pain céleste. Il sent que ce pain lui apporte la vie et qu'il peut ensuite donner à tous ses amis quelques effluves, quelques rayons de cette vie.

2 *juillet*

Écoutez couler l'eau d'une source, d'une cascade, d'une fontaine… Concentrez-vous sur cette eau, imaginez qu'elle vous traverse, qu'elle emporte tout ce qui est pesant et obscur en vous et vous inonde d'une vie nouvelle. Plongez-y les mains si c'est possible… Mais laisser couler l'eau du robinet sur vos mains suffit aussi, parfois. L'essentiel, c'est le travail que vous arrivez à faire par la pensée, en sachant que les mains sont des lieux de passage pour tous les courants d'énergie qui traversent l'espace. Placées à l'extrémité des bras, elles jouent le rôle d'antennes : c'est par elles que nous recevons les influences du monde extérieur, et c'est par elles aussi que nous projetons les effluves formées par nos états psychiques. En nous concentrant sur l'eau, nous pouvons nous décharger de notre fatigue, de nos soucis, et recevoir des courants de vie pure.

Et il en est de même pour les pieds qui, en contact avec le sol, sont eux aussi comme des antennes réceptrices et émettrices. Lorsque vous vous sentez démagnétisé, épuisé, versez de l'eau chaude dans une cuvette, plongez-y vos pieds et, en les touchant consciemment, pensez que tout ce qui vous surcharge et vous obscurcit va être emporté par cette eau.

3 juillet

*L*es abeilles puisent le nectar des fleurs, ce liquide sucré dont elles font ensuite une nourriture délectable, le miel. Symboliquement, ce travail est celui de l'Initié. De même que l'abeille puise le nectar des fleurs sans jamais les abîmer, l'Initié ne s'approche des êtres humains que pour recueillir leurs quintessences les plus spirituelles, et grâce à ses connaissances alchimiques il prépare dans son cœur, dans son âme, une nourriture au goût et au parfum délicieux.

L'abeille est donc un des symboles de l'Initié. Dans chaque âme humaine, même dans celles des êtres les plus déshérités ou déchus, il arrive toujours à trouver une quintessence divine. Et c'est avec toutes ces quintessences qu'il produit un miel dont les entités célestes viennent aussi se délecter.

4 juillet

*P*our conserver et améliorer votre santé, commencez par vous concentrer sur ce qui est vivant en vous et renforcez-le. Il faut comprendre que seuls les éléments vivants peuvent s'opposer à la maladie.

Vous avez un abcès ou une plaie ? Si les entités vivantes de votre organisme, capables de refermer la plaie ou de faire sortir les impuretés de l'abcès, sont chloroformées à cause de la vie désordonnée que vous menez, l'abcès ou la plaie va s'envenimer. Vous pourrez utiliser tous les désinfectants, pommades et pansements possibles, si ces entités n'ont pas les conditions pour faire convenablement leur travail, les remèdes extérieurs resteront inefficaces. Tandis que si vos ouvriers intérieurs peuvent travailler librement, ils participeront à la guérison. Alors, c'est clair, changez votre façon de considérer la santé et cherchez tous les moyens d'intensifier la vie en vous.

5 juillet

*L*e savoir qui vous est donné dans un Enseignement initiatique est tellement éloigné de votre champ de conscience habituel qu'il ne pénètre pas tout de suite dans votre cerveau. Mais de tout ce que vous avez entendu ou lu, il reste nécessairement quelque chose dans votre subconscient, et un jour, quand vos capacités de compréhension se seront développées, ce savoir vous reviendra en mémoire.

Pour accéder plus rapidement à la compréhension des vérités initiatiques, vous devez entraîner votre cerveau. C'est le meilleur des instruments. Il ne s'affaiblit pas avec l'âge en même temps que les autres organes, car les hiérarchies divines y ont déposé leurs pouvoirs… Il ne s'affaiblit pas, mais à condition de le nourrir par l'activité de la pensée. Car qu'est-ce que la pensée ? Une sorte d'échelle que nous avons reçue de l'Intelligence cosmique et dont nous devons apprendre à nous servir pour nous élever.

6 juillet

Un corps humain est comparable à un texte composé dans l'atelier d'un imprimeur. À l'époque où on se servait encore de caractères en plomb, les lettres étaient rangées dans différents casiers, et l'imprimeur allait les prendre pour les assembler en mots, en phrases… et il en sortait un roman, des poèmes. Et les textes ainsi composés étaient reproduits ensuite en des centaines ou des milliers d'exemplaires.

D'une façon analogue, un corps humain est un livre composé à partir de « caractères », c'est-à-dire de particules qui proviennent des quatre éléments, de tous les règnes de la nature. Suivant son degré d'évolution, l'âme qui l'habite fait de ce corps un livre magnifique, ou médiocre, ou franchement mauvais qui, partout où il passe, laisse des empreintes, des traces, comme autant d'exemplaires de lui-même. Puis, un jour, les lettres de ce livre se séparent et elles retournent à la terre, à l'eau, à l'air et au feu d'où elles étaient venues. Il ne reste plus rien du corps. Mais l'âme qui l'habitait est vivante, et elle s'en va écrire d'autres textes dans d'autres régions de l'espace. Nous appelons mort la décomposition d'un texte précédemment composé et qui sera plus tard recomposé à nouveau. Parler de mort n'est donc qu'une convention, et que de fois, déjà, chacun de nous a vécu ce passage !

7 juillet

*A*vant de méditer, de prier, de contempler le lever du soleil, dites-vous : « Je suis avec la pureté, je suis avec la lumière, je suis avec mon bien-aimé le Seigneur, je suis avec ma bien-aimée la Mère divine, rien d'autre ne doit compter que ce moment où je peux communier avec eux. » Et laissez vos sacs, vos fardeaux, présentez-vous léger, dégagé devant la Divinité et les splendeurs de la nature. C'est ainsi que vous trouverez la solution à beaucoup de vos problèmes intérieurs, à des situations que vous croyiez jusque-là inextricables.

Pour voir, pour comprendre, pour recevoir les effluves du monde spirituel, il faut être là, présent. Prenez exemple sur les hommes et les femmes qui vivent un grand amour : quand ils sont ensemble, ils sont capables de tout oublier. Chacun plonge son regard dans celui de l'autre, et quand ils veulent décrire ce qu'ils ont vu, ils ne parlent que de lumière et d'immensité.

8 juillet

*N*e vous imaginez pas que le Ciel, émerveillé de vous voir devenu membre d'une Église ou de quelque mouvement spirituel, va venir vous faciliter l'existence et vous épargner les épreuves. Non, comme n'importe quel matérialiste, vous vous heurterez à toutes les difficultés de la vie. Mais continuez à avancer en sachant qu'au lieu de vous accabler, les épreuves que vous aurez à affronter vous purifieront et vous renforceront, parce que vous aurez appris une meilleure façon de les considérer.

En acceptant un enseignement spirituel, le pauvre ne devient pas riche, l'ignorant savant, le malade bien portant, le faible fort ; et le méprisé et méconnu ne reçoit pas honneur et gloire. Vous voilà prévenu. Et il se peut même que vous vous sentiez encore plus mal qu'avant. Pourquoi ? Parce que la vie nouvelle qui commence à circuler en vous s'occupe d'abord de faire du nettoyage, et alors, quels bouleversements ! Autant il est souhaitable que vous décidiez de donner une meilleure orientation à votre vie, autant vous devez savoir d'avance que cette décision produira en vous quelques remue-ménage. Sinon, ne comprenant pas ce qui vous arrive, vous retournerez à votre ancienne vie, et tout sera à recommencer.

9 juillet

Combien de philosophes fabriquent des systèmes qui ne rendent compte que de leur propre vision du monde ! Et trop souvent, cette vision, nécessairement limitée, reflète leurs insuffisances spirituelles, psychiques, intellectuelles, ou même physiques. Sans parler de ceux qui, cherchant à cultiver l'originalité, s'efforcent de présenter des théories nouvelles. La vérité, c'est qu'il n'existe qu'un seul système d'explication de l'univers, un seul système qui rende compte de ce que sont le Créateur, la création et les créatures, et le philosophe, dans ses méditations, doit s'efforcer d'en retrouver les fondements. Qu'il exprime ensuite les résultats de ses recherches d'après son tempérament propre, sa sensibilité, on peut dire aussi avec « sa voix », c'est normal.

Un chanteur qui doit exécuter une partition ne peut le faire qu'avec sa propre voix, et il exprime à travers elle tout ce qu'il est lui-même en profondeur. Mais il doit respecter la partition, il n'a pas le droit de chanter d'autres notes que celles qui sont écrites. De la même façon, un philosophe n'a pas le droit de chanter d'autres mots que ceux qui sont inscrits dans le grand livre de la vie, il a seulement le droit de les chanter avec son propre gosier.

10 juillet

*U*n barrage n'empêche pas l'eau de couler. Celui qui construit un barrage sur un fleuve sait qu'il doit prévoir d'autres voies d'écoulement, sinon le moment arrivera où l'eau débordera et emportera tout. Un phénomène identique se produit avec l'être humain. S'il veut refouler ses instincts et particulièrement l'instinct sexuel, des tensions s'accumulent dans son subconscient jusqu'au jour où le barrage saute ; il est submergé, il ne maîtrise plus rien, et il peut se laisser aller à commettre des actes irréparables. Il ne faut pas gaspiller ses énergies, et il ne faut pas les bloquer non plus. La solution, c'est de leur ouvrir des voies pour qu'elles puissent irriguer toutes nos terres : comme les Égyptiens dans le passé qui avaient creusé des canaux afin que les eaux du Nil fertilisent leur pays.

La vérité, c'est que dans l'être humain, l'Intelligence cosmique s'est elle-même chargée d'installer des canalisations grâce auxquelles ses énergies sexuelles peuvent être dirigées vers le cerveau. Ce n'est pas parce que les anatomistes ne les ont pas encore découvertes et décrites qu'elles n'existent pas. C'est donc à vous de les découvrir et de travailler pour devenir, grâce à ces énergies, toujours plus lucide, plus intelligent, plus fort, plus créatif

11 juillet

*L*a lumière est une matière tellement subtile qu'on ne peut ni la peser, ni même la toucher, mais c'est elle qui donne accès au monde spirituel. C'est pourquoi nous devons chercher la lumière, penser chaque jour à l'introduire en nous comme une quintessence pure, rayonnante.

Les Initiés, pour qui la seule réalité est la lumière, ne cessent de travailler avec elle, de se concentrer sur elle, afin d'établir des communications avec le monde divin. Leurs pratiques et leur enseignement peuvent se résumer ainsi : le seul moyen véritablement efficace que nous ayons pour entrer en relation avec le Ciel est celui que nous sommes capables de créer nous-mêmes en tissant des fils de lumière entre ce monde et nous. Une fois ces fils tissés, le Ciel et la terre en nous entrent en contact et font des échanges qui nous apportent la plénitude.

12 juillet

Combien d'hommes et de femmes sont tellement occupés à satisfaire leurs besoins physiques et matériels qu'ils ne sentent même plus en eux la présence d'un autre monde ! Leur âme et leur esprit sont devenus pour eux des pays étrangers. Même s'ils les entendent mentionner, cela ne leur dit rien, ces mots sont pour eux vides de sens et ils errent comme de pauvres malheureux à travers les terres arides de leur monde intérieur.

Celui qui veut sortir de cette situation misérable doit faire son possible pour changer la nature de ses besoins et chercher le sens de sa vie dans les régions subtiles de l'âme et de l'esprit. Lorsqu'il aura atteint ces régions, il vivra enfin la vraie vie. Dans un de ses chants, le Maître Peter Deunov parle d'un « pays merveilleux où les rivières coulent, où les fleurs s'épanouissent, où les fruits mûrissent, où les oiseaux chantent, où les hommes vivent en frères… » Vous direz que ce pays merveilleux est inaccessible. Non, il se trouve dans l'âme humaine.

13 juillet

*U*n être humain ne vient s'incarner sur la terre que pour très peu de temps. Il doit s'instruire, travailler là pendant quelques années, puis il repart... Vous ne pouvez avoir une vision exacte et complète de ce qu'est votre vie que si vous apprenez à y inclure ce que l'on appelle la mort. Car votre vie ne se limite pas seulement à ce laps de temps que vous êtes venu passer sur la terre. Votre vie est très longue, infinie, c'est une succession d'allers et de retours entre ici-bas et l'au-delà.

Cependant, alors même que vous vivez dans le plan physique, vous ne vivez pas uniquement dans votre corps physique, mais aussi dans vos corps psychiques : les corps astral et mental, et dans vos corps spirituels : les corps causal, bouddhique et atmique.* Ces corps spirituels, vous devez apprendre à les nourrir, sinon il vous manquera, dans cette existence même, quelque chose de très précieux. Et surtout, lorsque vous partirez dans l'autre monde, c'est dans ces corps que vous vivrez, et si vous ne les avez pas nourris, vous vous sentirez chétif et démuni.

* Voir note et schéma, p. 394 et 395.

14 juillet

Cette habitude que la plupart des gens ont prise, d'aller se décharger sur les autres dès qu'ils se sentent tristes et malheureux, révèle une grande faiblesse. Combien d'entre eux au moindre souci, à la moindre contrariété, se précipitent chez leurs parents, leurs amis, leurs voisins… ou bien sur leur téléphone ! Et voilà une vingtaine de personnes qui s'en trouvent aussitôt empoisonnées… Est-ce qu'ils se sont quelquefois demandé si les autres sont là pour recevoir leurs fardeaux ou même s'ils sont seulement capables de les supporter ? S'ils veulent vraiment progresser, ils doivent abandonner cette habitude et trouver le moyen pour ne plus surcharger leur entourage.

Quand vous avez des soucis, des chagrins, cherchez comment neutraliser ces états. Demandez-vous : « Voyons, que puis-je faire pour devenir plus résistant, plus maître de moi, et me comporter en vrai fils de Dieu sur lequel le Ciel peut compter pour son travail ? » Si vous ne voulez pas faire d'efforts, si vous préférez rester faible, gardez vos vieilles pratiques avec les conséquences qui s'ensuivront ! Mais sachez que dans un Enseignement initiatique on vous indique le chemin pour devenir fort, lumineux, et être aussi capable d'aider les autres.

15 juillet

Quelqu'un laisse tomber des débris de verre sur un chemin, et comme il est négligent, il ne les ramasse pas. D'autres les ramasseront, pense-t-il, qu'importe s'ils se blessent, et il poursuit sa route. Mais ce qu'il ne sait pas, c'est que la destinée humaine n'est pas une ligne droite : sa trajectoire est circulaire.

Cet exemple du verre brisé est une image pour expliquer que celui qui a semé des dangers devra un jour en subir les conséquences. Il creuse des trous, il tend des pièges le long de la route ? La loi l'amènera à repasser exactement au même endroit et à tomber dans ces trous ou dans ces pièges. Il aura alors du temps pour méditer sur ses mésaventures, se plaindre qu'il existe des gens méchants et stupides, et chercher à découvrir qui ils sont ! Évidemment, il aura oublié que c'est lui. Celui qui vit en disant sans cesse : « Après moi le déluge ! » crée toutes les difficultés dont son existence sera un jour ou l'autre encombrée.

16 juillet

*L*e monde entier met la question de la nourriture à la première place. Tous tâchent de régler d'abord cette question, ils travaillent et même se battent pour cela. Mais cette attitude vis-à-vis de la nourriture n'est encore qu'une impulsion, une tendance instinctive qui n'est pas entrée dans le domaine de la conscience éclairée. Seule la Science initiatique nous apprend que la nourriture, qui est préparée dans les laboratoires divins avec une sagesse inexprimable, contient des éléments capables de conserver ou de rétablir la santé, non seulement physique mais psychique. Pour cela il est nécessaire d'étudier dans quelles conditions ces éléments peuvent être captés, et de savoir que le moyen le plus efficace est la pensée.

Par sa pensée l'homme peut en effet retirer de la nourriture des particules subtiles qui, en entrant dans la construction de son être tout entier, contribueront à sa transformation psychique. Au-delà du simple fait de s'alimenter pour se maintenir en vie, il ajoutera d'autres significations, d'autres connaissances, d'autres travaux à exécuter, d'autres buts à atteindre.

17 juillet

C'est une bonne chose que d'aller marcher dans la nature, de se promener près des cascades et des rivières, de boire l'eau des sources, de se baigner dans les lacs et les mers. Mais vous ne recevrez pas de grands bienfaits de l'eau si vous ne savez pas comment entrer réellement en contact avec elle, lui parler, vous lier à elle.

L'eau est un monde vivant peuplé d'entités très belles et très pures qui ne seront bien disposées envers vous que si vous savez comment les considérer. Aussi, quand vous allez à leur rencontre, pensez d'abord à les saluer avec respect et amour. Si vous voulez vous baigner, et particulièrement vous baigner dans un lac, soyez attentif, ne le faites pas dans n'importe quelle disposition d'esprit. Demandez l'autorisation aux entités de l'eau. Car en vous baignant, c'est comme si vous rejetiez vos impuretés dans leur demeure, et vous devez être conscient que vous pouvez les indisposer. Soyez donc vigilant.

18 juillet

*E*n même temps qu'ils sont poussés à imiter les autres, la plupart des gens ont aussi besoin d'affirmer leurs différences. Et souvent, le résultat, c'est qu'ils imitent les autres là où ils devraient faire l'effort de trouver leur propre voie, et ils s'opposent à eux là où ils devraient au contraire chercher l'harmonie. Eh bien, c'est par cette attitude d'opposition, justement, qu'ils ressemblent le plus à cette foule dont ils prétendent se distinguer.

Si vous voulez vraiment vous distinguer des autres, imitez plutôt la petite minorité de sages qui ne travaillent qu'à introduire la paix et l'harmonie en eux et autour d'eux. En cultivant cette différence-là, vous arriverez à comprendre les souffrances, les maladies, les angoisses des humains. Tandis que tous ces gens qui se ressemblent ne se comprennent pas : même s'ils souffrent des mêmes maux, comme ils ne sont occupés que de leurs problèmes personnels, ils sont incapables de se mettre à la place des autres. Car ils les ont imités justement là où ils ne fallait pas : dans les caprices, l'égoïsme et les passions.

19 juillet

*V*ous avez tous vécu quelques moments de joie, de bonheur… Alors, recherchez ces moments. Même s'il n'y en a eu que trois ou quatre dans votre existence, ou seulement un, revenez-y souvent, rappelez-vous le lieu, les circonstances, les personnes… Efforcez-vous de retrouver les mêmes pensées, les mêmes sentiments, les mêmes sensations. Peu à peu, vous aurez l'impression de vivre à nouveau ces états avec la même intensité que s'ils vous étaient donnés, là, maintenant, réellement, pour la première fois.

L'essentiel n'est jamais dans ce qui vous vient de l'extérieur, mais dans ce que vous ressentez intérieurement. Recherchez donc tous les moments où vous avez compris, senti la beauté, le sens de la vie. Que tous ces moments soient à votre disposition pour les jours où vous en aurez besoin. Là encore vous possédez une méthode de travail. Et faites même en sorte que, parmi ces souvenirs, vous puissiez avoir le choix. Car de la même façon que, suivant les circonstances, telle ou telle musique s'accorde mieux avec votre état intérieur, tel souvenir vous aidera et vous apportera plus qu'un autre ce dont vous avez besoin pour le moment.

20 juillet

Conservez en vous l'image du sommet comme un des meilleurs symboles de cet idéal divin que vous vous efforcez d'atteindre. Même s'il reste toujours inaccessible pour vous, l'essentiel, c'est de ne jamais le perdre de vue.

En vous concentrant sur l'image du sommet, vous êtes obligé de vous projeter toujours plus avant, de franchir chaque fois des degrés plus élevés, et vous sentirez peu à peu combien cette habitude mentale se reflète bénéfiquement dans votre vie quotidienne. Chaque fois que vous aurez un problème à résoudre, une décision à prendre, une difficulté à affronter, vous maîtriserez mieux la situation, parce que vous arriverez à l'envisager de plus loin, de plus haut. Et lorsque vous devrez agir, vous le ferez avec de moins en moins de risques d'erreur.

21 juillet

*L*a véritable liberté de l'homme est dans le pouvoir que Dieu lui a donné de tout trouver en lui-même. Voilà ce dont un Maître spirituel s'efforce de convaincre ses disciples. Alors, combien ils se trompent tous ceux qui se représentent un Maître comme un despote uniquement préoccupé d'imposer son pouvoir et ses convictions aux autres ! Il n'a en réalité aucun désir de leur imposer quoi que ce soit. Ou plutôt, s'il a une conviction à leur imposer, c'est que leur salut est en eux, exclusivement. Et il leur indique les méthodes, les expériences à faire, et il leur donne l'exemple. Une fois instruits et éclairés, c'est à eux de se mettre au travail.

Imaginez qu'un excellent cuisinier vous ait donné des recettes, et vous avez aussi tous les ingrédients achetés dans les meilleurs magasins ; si vous ne vous décidez pas à aller dans votre cuisine pour préparer au moins un plat, vous n'aurez rien à manger. Il en est de même pour la vie spirituelle. Une fois que le chemin s'ouvre à vous, que vous avez les méthodes et l'exemple de votre Maître, vous ne devez plus compter que sur vous-même.

22 *juillet*

*L*e matin, quand vous regardez le soleil se lever, pensez que ces rayons qui viennent jusqu'à vous sont des créatures vivantes qui peuvent vous aider à résoudre vos problèmes de la journée. Mais seulement les problèmes de la journée, pas ceux du lendemain. Le lendemain, vous devrez à nouveau aller les consulter, et encore pour une journée seulement. Ces entités ne vous répondront jamais pour les jours suivants. Elles vous diront : « Inutile de faire des provisions pour plus d'un jour. Quand vous reviendrez demain, nous vous répondrons. »

Chaque jour nous mangeons et nous ne faisons pas dans notre estomac des provisions pour une semaine, mais seulement pour la journée, et le lendemain nous recommençons. Eh bien, avec la lumière ce doit être la même chose, car la lumière est une nourriture que nous devons chaque jour absorber et digérer pour qu'elle devienne en nous sentiments, pensées, inspirations… Pourquoi n'a-t-on pas envers la lumière la même logique qu'envers la nourriture ? On dit : « C'est vrai, j'ai mangé hier, mais cela comptait pour hier ; aujourd'hui je dois recommencer à manger. » Et il doit en être de même pour la lumière.

23 juillet

Pourquoi tant de personnes souffrent-elles de déséquilibres psychiques ? Parce qu'elles ont trop développé en elles le côté féminin qui est passif, réceptif. Elles s'ouvrent ainsi sans discernement à toutes les influences, et après un certain temps elles ne savent plus où elles en sont. Désormais, il faut qu'elles s'analysent, qu'elles étudient les effets, sur leur vie intérieure, des influences qu'elles ont reçues : conserver seulement celles qui se révèlent bénéfiques et repousser les autres. Autrement dit, elles doivent développer le principe masculin qu'elles possèdent aussi en elles.

Développer le principe masculin, c'est ce que devraient particulièrement apprendre les personnes douées de facultés médiumniques, facultés qui sont spécifiquement féminines dans la mesure où elles supposent la réceptivité. La boule de cristal que certains clairvoyants utilisent comme support est l'équivalent du principe féminin dans la nature : l'eau. Le médium est réceptif aux esprits et aux courants du monde invisible. Mais ces esprits et ces courants ne sont pas tous lumineux, purs, bénéfiques, et il est donc important que les personnes psychiquement sensibles apprennent non seulement à les discerner, mais aussi à développer leur volonté, principe masculin, afin de repousser les esprits et les courants ténébreux.

24 juillet

Il est juste que les méchants soient punis, mais vous devez garder de l'amour pour eux. Vous devez aimer en eux des créatures de Dieu qui sortent difficilement de l'obscurité : cette pensée vous permettra de mieux les supporter. Observez-vous : lorsque quelqu'un que vous aimez commet des erreurs, vous savez vous montrer patient, indulgent ; tandis que quelqu'un que vous n'aimez pas, même ses bonnes actions vous agacent, au point que vous prêtez à sa conduite des mobiles suspects. Seul l'amour peut vous donner la patience et vous ouvrir les yeux sur les intentions des autres.

Et la patience est aussi une manifestation de la force. Celui qui est fort ne se laisse pas entamer par le comportement des gens de son entourage, tandis que le faible ne supporte rien, la moindre contrariété le met hors de lui. On voit des personnes entrer dans des colères invraisemblables pour des détails tellement minuscules ! Et ce sont souvent les mêmes qui restent à peu près indifférentes aux injustices monstrueuses que d'autres ont à subir. Ce que les personnes supportent ou ne supportent pas… est pour moi un critère : je vois où elles en sont sur le chemin de l'évolution.

25 juillet

Comment se manifeste la grâce divine ? Pourquoi semble-t-elle n'aller que vers quelques-uns ? Est-elle injuste ? Non, mais elle travaille d'après une justice qui échappe à la compréhension ordinaire.

Supposons que vous ayez entrepris la construction d'une maison. Au bout de quelque temps vous vous apercevez qu'il vous manque de l'argent pour la terminer. Vous demandez un crédit auprès d'une banque, et celle-ci (qui n'est pas stupide) se renseigne pour savoir si vous pourrez rembourser la somme que vous souhaitez emprunter. Si les renseignements sont bons, elle vous l'avance. Eh bien, c'est de cette façon qu'agit la grâce divine. Elle descend sur vous après s'être renseignée : elle a vu que, dans d'autres incarnations, vous aviez travaillé pour le bien. Momentanément, vous êtes limité, dans l'impasse, mais en considération de vos incarnations passées, elle vous prête des capitaux. La grâce n'est donc ni injuste ni aveugle comme beaucoup l'imaginent : pour la recevoir un jour il faut avoir longtemps travaillé à la mériter.

26 juillet

Pour que la création devienne pour vous éloquente, vivante, pleine de sens, il faut apprendre son langage. Toute votre existence doit tendre vers ce but : entrer en communication avec la nature et ses habitants. Or, des habitants, il y en a partout : dans l'eau, l'air, la terre, le feu, les montagnes, les arbres, le soleil, les étoiles… partout ! Et ils nous saluent, nous font des signes. Mais qui les voit ?

Et qui voit aussi que l'univers est fait d'une substance lumineuse traversée par des rayons dont aucune langue ne peut décrire la beauté et les couleurs ?… Pour que ses habitants vous acceptent, pour qu'ils vous soutiennent et vous protègent, préparez-vous à entrer dans ce monde immense avec votre attention, votre compréhension et votre amour. Vous habitez déjà ce monde, vous y marchez, mais vous devez lui ouvrir votre conscience, ôter le voile qui vous empêche de le voir.

27 juillet

Parmi les plus grandes souffrances, les plus grands malheurs que les humains aient à subir, il y a surtout ceux qu'ils ne cessent de s'infliger mutuellement, et qu'ils s'infligent à eux-mêmes par la même occasion. Vous ne me croyez pas ?... Eh bien, regardez.

Quelqu'un a exprimé des pensées, des sentiments, des souhaits que vous ne partagez pas ; vous vous mettez à le considérer comme votre ennemi et vous décidez de le combattre. À partir de ce moment-là, vous commencez à interpréter toute sa conduite de façon négative, vous vous sentez agressé par lui alors qu'en réalité il ne vous veut aucun mal, et aussi bien ne sait-il même pas ce que vous avez à lui reprocher. C'est vous qui, par votre manière de le considérer, êtes en train de vous fabriquer un ennemi, et vous détruisez ainsi quelque chose dans votre tête et dans votre cœur. C'est donc vous qui êtes votre propre ennemi, c'est vous qui prenez les armes contre vous-même. Alors, dites-moi un peu si c'est intelligent !...

28 juillet

*L*a plupart des humains ont de l'amour une conception tellement limitée qu'au moment où un homme et une femme se rencontrent, ils oublient le monde entier, plus rien n'existe pour eux. Ils ne sont pas encore habitués à vivre l'amour d'une façon plus vaste, ils l'appauvrissent, le mutilent ; ce n'est plus l'amour divin qui jaillit et abreuve toutes les créatures.

Le véritable amour est celui qui embrasse toutes les créatures sans se limiter, sans pousser de racines auprès d'une seule. C'est pourquoi il faut désormais que les hommes et les femmes soient instruits dans des conceptions plus larges, qu'ils montrent moins de possessivité et de jalousie : le mari doit se réjouir de voir sa femme ouvrir son cœur au monde entier, et la femme aussi doit être heureuse que son mari ait le cœur si vaste. Cela ne les empêchera pas de rester fidèles l'un à l'autre. Lorsque deux êtres vraiment évolués se marient, déjà à l'avance ils se sont laissé cette liberté mutuelle ; chacun se réjouit de pouvoir aimer toutes les créatures dans la plus grande pureté. La femme comprend son mari, le mari comprend sa femme, et tous les deux marchent ensemble vers le Ciel, car ils vivent la vraie vie, la vie illimitée.

29 juillet

Quand Jésus fut amené devant Pilate pour être jugé, celui-ci lui demanda : *« Es-tu le roi des Juifs ? »* et Jésus répondit simplement : *« Tu le dis. »* Mais il ajouta : *« Mon Royaume n'est pas de ce monde »*. Car Jésus n'avait aucune ambition terrestre. Pour lui la véritable royauté était la royauté céleste ; il ne confondait pas non plus la gloire humaine et la gloire divine, et il ne confondait pas non plus les biens temporels et les biens spirituels. C'est ce qui apparaît déjà dans l'épisode où les pharisiens l'interrogent sur l'impôt dû à César ; il se contente de leur répondre : *« Rendez à César ce qui est à César et à Dieu ce qui est à Dieu. »*

Si vous voulez devenir un véritable disciple de Jésus, tâchez aussi de ne pas confondre la terre et le Ciel. Et surtout, gardez-vous de penser qu'un engagement spirituel doit vous apporter des avantages matériels.

30 juillet

Pourquoi, dès qu'ils entendent parler de pureté, beaucoup de gens ferment-ils leurs oreilles ? Pour se justifier ils donnent comme argument que pureté signifie étroitesse, limitation, fanatisme et même exclusion… qu'au nom de la pureté on a persécuté, massacré, brûlé. Tout cela est vrai, mais au nom de l'amour aussi il a été commis des crimes épouvantables : est-ce que cela empêche quelqu'un de prononcer encore le mot amour et de continuer à aimer ?… Regardez un peu : est-ce que ce raisonnement est honnête ? Sous prétexte que la notion de pureté a été souvent mal comprise, ils trouveront toutes les justifications pour continuer à barboter dans les saletés. Qu'ils continuent… ils verront un jour les effets de cette manière erronée de penser.

Maintenant, bien sûr, il faut avoir une idée claire de ce qu'est la pureté et comment on se purifie. Se purifier, c'est d'abord être capable de discerner la nature des mouvements de sa vie intérieure, analyser ses pensées, ses sentiments, ses désirs, ses projets. Et comme ces pensées, ces sentiments, ces désirs, ces projets sont souvent malveillants, égoïstes, il faut ensuite travailler à les rendre plus désintéressés, plus généreux, plus fraternels. Qui peut se dresser contre cette définition de la pureté ?

31 juillet

*N*ous avons un cœur, et la nature elle aussi a un cœur. D'après la loi de l'analogie, ce cœur, ce sont les océans. La nature offre son cœur, elle l'expose au soleil et dit : « Mon Seigneur, je te donne mon cœur, mon sang. Prends-le afin que les plantes, les animaux et les hommes puissent vivre dans l'abondance. » Et le soleil prend une partie de ce sang, il l'élève jusqu'à lui pour le remplir de dons spirituels. Lorsque plus tard, ce sang redescend vers la terre, tous les êtres en bénéficient et se réjouissent.

Chaque jour l'Initié répète en lui-même le don de l'océan au soleil. Il ouvre son cœur devant le Créateur en disant : « Seigneur, je Te donne mon cœur. » Cette prière ardente, ce sacrifice accompli dans le cœur de l'homme est semblable à celui qui se produit dans la nature. Grâce à la sublimation de son amour, de son sang, l'homme rencontre le soleil, qui est une image de Dieu, et cette rencontre l'enrichit de nouvelles essences, des essences divines qui se communiquent à tout son être.

1er août

Qu'une activité satisfasse votre désir de connaissance, qu'elle vous apporte la joie, l'apaisement ou la détente, cela ne suffit pas. Dans chaque activité vous devez chercher une occasion de perfectionnement, de libération intérieure. Or, même la manière dont les humains pratiquent l'art, la science, mais aussi la religion, révèle qu'ils n'y recherchent pas vraiment les moyens de se perfectionner. Vous demanderez : « Mais alors, que signifie se perfectionner ?… et que devons-nous faire pour y parvenir ? » Se perfectionner, c'est changer la qualité de ses vibrations, afin de les rendre plus intenses, c'est-à-dire plus spirituelles.

Tout est dans l'intensité de la pensée, du sentiment et de la vie, voilà ce que nous révèle la Science initiatique. Quand l'être humain arrivera à vivre cette vie intense, toutes ses activités, aussi bien physiques que spirituelles, contribueront à son perfectionnement.

2 août

*L*e sourire est déjà un salut, un signe de reconnaissance que chacun adresse aux personnes qu'il rencontre avant même de le faire par la parole. Aussi est-il important de veiller à ce que l'on exprime par un sourire. Bien sûr, il ne s'agit pas de se fabriquer un sourire artificiel en s'étudiant dans un miroir. Il faut que ce sourire qui doit exprimer la sympathie, la compréhension, l'amitié, vienne naturellement du dedans.

Si vous êtes capable de descendre dans les profondeurs de votre être pour y chercher le silence et la lumière, les sculpteurs qui sont en vous sauront toujours quels nerfs, quels muscles ils doivent tendre ou détendre. Vous pouvez leur faire confiance. Vouloir vous fabriquer vous-même un sourire risque de vous déformer plus qu'autre chose. Travaillez donc avec l'amour, l'espérance et la foi, et abandonnez-vous à l'inspiration de vos sculpteurs intérieurs.

3 août

*L*a spiritualité est un domaine si vaste, si riche, si complexe, qu'après des années de pratique, beaucoup de personnes ne savent pas encore comment s'y diriger. Mais qui les oblige à s'aventurer parmi les arcanes les plus mystérieux de la Science initiatique ? Qu'elles s'arrêtent sur des méthodes très simples en choisissant par exemple une pensée, un sentiment d'une grande élévation. Qu'elles lui apportent toute leur attention, tout leur amour. Ce sera comme un sillon qu'elles creuseront dans leur âme, et une fois ce sillon creusé, il leur sera plus facile de progresser.

Donner chair et os à l'enseignement que vous recevez, c'est cela la vie spirituelle. Le mot « esprit » contenu dans l'adjectif « spirituel » ne doit pas servir de prétexte à toutes sortes d'élucubrations. Dans l'expression « vie spirituelle », le mot le plus important est « vie ». Oui, vivre, c'est-à-dire concrétiser les vérités divines, leur donner forme pour qu'elles existent en vous. Vous devez être comme le graveur qui inscrit des caractères ou une image dans le métal. Ce métal, c'est vous-même, et les tracés sont les mots comme « amour », « lumière », « paix », « bonté », qui finiront par s'incruster en vous.

4 août

D’où vient cette sérénité qui émane du visage des grands sages ? Tout simplement de ce qu’ils sont parvenus à vaincre la peur de perdre quoi que ce soit. Ils se sont élevés jusqu’à ce sommet où ils sentent qu’il existe en eux quelque chose d’indestructible et qui ne peut leur être enlevé. Quoi qu’il arrive, le vrai sage sait que la seule réalité, en lui-même et dans tous les êtres, est ce sommet inaccessible au mal, à l’abri de toutes les tribulations : l’esprit, l’étincelle que Dieu a communiquée à la créature humaine.

Mais comment pouvons-nous arriver jusque-là ? En travaillant sur nous-mêmes, en purifiant nos pensées et nos sentiments, afin de dissoudre peu à peu les couches opaques qui nous séparent de cette étincelle et nous empêchent de sentir qu’elle est la seule réalité. Ce que la religion appelle Providence découle de cette certitude, ancrée dans certains êtres qui en ont fait l’expérience, que quelque chose en eux est absolument hors d’atteinte et échappe à toutes les vicissitudes.

5 août

*E*n sortant de chez vous, le matin, pour assister au lever du soleil, pensez déjà que vous allez à la rencontre d'un être qui est vivant, comme est vivante toute la nature autour de vous : les oiseaux, les insectes, les arbres, les fleurs… Car la vie, c'est l'univers entier peuplé d'une infinité de créatures invisibles mais réelles.

Dans cet organisme vivant et conscient qu'est la nature et auquel nous appartenons, nombreuses sont aussi les entités qui sont prêtes à contribuer à l'évolution de l'humanité. La terre, l'eau, l'air, le feu et les entités qui les habitent ont juré devant l'Éternel d'aider tous ceux qui travaillent à devenir des créatures de paix, d'harmonie et de beauté. Alors, demandez-leur de venir participer à l'avènement du Royaume de Dieu sur la terre. Ces esprits que vous appelez sont déjà en marche pour travailler sur les cœurs et les cerveaux humains, et un jour le Ciel reconnaîtra en vous des constructeurs de la nouvelle vie.

6 août

*L*a déception est un des sentiments que les humains éprouvent le plus souvent les uns vis-à-vis des autres. Pourquoi ? Parce qu'ils s'imaginent qu'ils vont rencontrer des personnes exactement préparées pour répondre à leurs attentes. Vous direz : « Mais j'ai besoin d'amis, j'ai besoin d'aide, j'ai besoin de personnes à qui demander conseil ! » Oui, c'est compréhensible, mais apprenez au moins à les choisir. Les humains sont comme ils sont, il n'est pas sage d'attendre d'eux plus qu'ils ne peuvent vous donner, et encore moins sage de leur adresser des reproches s'ils ne vous le donnent pas.

Il y a des personnes à qui vous pouvez confier n'importe quel travail, il sera fait ; d'autres à qui vous pouvez laisser sans crainte votre maison et même votre porte-monnaie, ils n'y toucheront pas ; d'autres avec qui vous pouvez partager vos occupations et même vos secrets les plus intimes, ils ne les trahiront jamais. Seulement voilà, c'est à vous de bien réfléchir pour voir ce que vous pouvez confier à chacun d'eux.

7 août

*A*lors même qu'ils mettent l'amour au-dessus de tout, qu'ils espèrent trouver « le grand amour » et le vivre pour l'éternité, pourquoi les hommes et les femmes ont-ils tellement de difficultés à le conserver pendant quelques années ou même, parfois, seulement quelques mois ? Parce qu'au moment où ils se sentent attirés par un être, ils s'arrêtent à lui ou à elle. Ils ne savent pas que cette créature est comme le canal par où passent la beauté, la richesse, les qualités d'un autre monde, et que c'est de cet autre monde que leur âme a soif. Alors, ils se concentrent sur cette créature et ils attendent tout d'elle. Voilà l'erreur, et c'est là l'origine de leurs désillusions et de leurs chagrins.

L'homme et la femme doivent apprendre à se considérer comme des points de départ sur le chemin qui les conduira à la source de l'amour, et là, la joie ne les quittera plus. Car, à la source, l'eau de l'amour est toujours limpide, pure, vivifiante, mais aussi inépuisable, et c'est de cette eau qu'ils ne cesseront de boire à travers l'être qu'ils aiment.

8 août

*A*u-delà de ce que nous voyons de lui, notre corps physique est comme muni d'antennes éthériques grâce auxquelles il est en communication avec la nature entière : il émet des ondes et il en reçoit. Depuis la plus haute Antiquité, il est connu qu'un corps dénudé est doué de pouvoirs magiques qu'il perd lorsqu'il est vêtu. Ainsi, en s'exposant nus aux influences de la terre, de l'air, de l'eau, du soleil, les hommes et les femmes reçoivent des courants d'énergies qu'ils peuvent utiliser pour leur travail psychique.

Mais ce qu'il faut savoir aussi, c'est que ces antennes dont le corps physique est pourvu attirent indifféremment les bonnes et les mauvaises influences. C'est pourquoi, si vous vous exposez nu, ou presque, comme c'est le cas sur les plages, l'été, soyez vigilant. Ces expositions vous seront bénéfiques seulement si vous savez vous fermer à tous les courants négatifs, ténébreux, et vous ouvrir seulement aux courants lumineux et divins. Et là encore, c'est par un travail de la pensée que vous arriverez à vous protéger.

9 août

*A*pprochez-vous consciemment du soleil avec le désir de devenir comme lui, et peu à peu vous recevrez quelque chose de sa vie, de sa chaleur, de sa lumière. Et si vous voulez des amis, c'est aussi le soleil qui, par son exemple, vous enseignera les meilleurs moyens de les attirer. Comment ne pas aller vers un être auprès duquel on se sent vivifié, réchauffé, éclairé ? Tandis qu'on évite celui qui est froid, terne, figé ; ou si on est obligé de le fréquenter, on fait tout pour se protéger en se fermant à lui.

Regardez les fleurs : elles se ferment pendant la nuit, tandis que le jour elles s'ouvrent au soleil. N'est-ce pas là un langage ? Les fleurs nous parlent, elles nous disent : « Vous ne pouvez ouvrir les cœurs et les âmes qu'en répandant la lumière et la chaleur. »

10 août

Il est écrit dans le livre de la *Genèse* que Dieu créa l'homme à son image. Mais comment dire avec précision où finit l'homme et où commence la Divinité en lui ? C'est impossible. La nature humaine et la nature divine sont si étroitement liées, imbriquées l'une dans l'autre qu'on ne peut pas les délimiter. La Divinité habite dans tous les humains, chez les Initiés comme chez les êtres les plus ordinaires. La différence entre eux est seulement dans la conscience. Ceux qui ne parviennent pas à saisir, à sentir que la Divinité habite en eux, L'empêchent de se manifester. Il en est ainsi des êtres, des lieux qui sont privés de la présence divine, parce qu'ils ne la reçoivent pas, ils ne l'acceptent pas.

Dieu existe en chacun de nous et Il veut s'y révéler dans toute sa plénitude, sa beauté, sa puissance, sa lumière, son amour. Mais c'est à nous d'abord de prendre conscience de cette présence pour lui permettre de se révéler et d'agir.

11 août

Vous voudriez que vos paroles pénètrent les âmes humaines et les entraînent dans la voie du bien. Alors, sachez qu'elles doivent être imprégnées de la matière lumineuse de votre aura. Tant que vous laisserez traîner des ombres dans votre aura, vous ne serez pas persuasif.

On rencontre souvent des gens qui s'étonnent de ne pas arriver à convaincre les autres de la nécessité d'être bons, généreux, honnêtes, justes, purs… Ils ont les arguments, ils s'expriment bien, pourquoi ne les écoute-t-on pas ? Parce qu'ils ne ressentent pas profondément ce qu'ils racontent. Leurs paroles sonnent creux, car elles ne sont pas remplies de la matière subtile de l'aura, qui est la quintessence de ce que chaque être vit et expérimente au plus profond de lui-même. Celui qui veut être convaincant, persuasif, doit mettre en accord sa vie et ses paroles, car c'est de sa vie qu'elles puisent leur force.

12 août

*P*ourquoi l'être humain est-il capable du meilleur et du pire ? Parce que, par sa conscience, il se situe à la frontière du monde inférieur et du monde supérieur. S'il n'est pas vigilant, si sa conscience n'est pas éveillée, ce sont des forces obscures qui commencent à prendre le dessus. Au contraire, quand il se lie aux forces du monde supérieur, il devient le canal de courants bénéfiques.

Dès l'instant où nous savons cela, nous mesurons combien est importante la place que nous occupons dans l'univers, car il dépend de nous que s'ouvrent les portes de la lumière ou celles des ténèbres. Puisque nous nous trouvons à la frontière de ces deux mondes, chacun de nous par son attitude contribue aux manifestations du bien ou du mal sur la terre. De même que le soleil est la porte des forces divines dans le système solaire, de même nous pouvons devenir les portes des forces solaires sur la terre. Nous avons donc une mission grandiose à remplir dans l'univers.

13 août

Porter sur soi des objets symboliques ou des insignes religieux peut être utile et bénéfique, mais seulement si on remplit certaines conditions. On doit d'abord veiller à ne porter que des symboles dont on connaît la signification. Chaque symbole est en quelque sorte un signe de reconnaissance pour les esprits de la nature, et si les humains ne savent pas ce que signifient ces signes, les esprits, eux, le savent très bien. Les symboles sont toujours liés à des entités, et tous ceux qui s'en servent touchent ces entités et font avec elles des contrats qui peuvent coûter très cher.

Il faut ensuite savoir que les entités lumineuses du monde invisible n'aiment pas être traitées à la légère. Elles acceptent d'être dérangées, et même elles apprécient qu'on ait recours à elles ; mais elles combattent ceux qui cherchent à les mettre au service d'intérêts égoïstes, de projets criminels. On ne peut demander sans danger l'aide des esprits qu'à la condition de se mettre avec eux au service de la Cause divine.

14 août

Puisque c'est le Créateur qui nous donne la nourriture que nous prenons tous les jours, elle est imprégnée de sa vie. Mais alors, comment se fait-il que lorsque le méchant se nourrit, cette nourriture, qui est divine, ne le rende pas meilleur ? C'est que tout être transforme les aliments en sa propre nature. Un saint, un Initié qui mangera la même nourriture la transformera, lui, en lumière, en amour, en bonté. Tout dépend donc de l'état de celui qui mange. Les gens méchants le resteront et ils deviendront même encore plus méchants ; et les gens de bien continueront à s'améliorer.

C'est une loi : chaque créature assimile les aliments à sa propre substance et les transforme, et cette loi s'applique dans le plan spirituel comme dans le plan physique. C'est pourquoi le mystique, l'Initié n'a qu'un désir : s'offrir en sacrifice au Seigneur pour être absorbé par Lui. Il sait qu'en l'absorbant, le Seigneur l'imprégnera de sa lumière et le transformera.

15 août

*V*ous êtes tous les jours en contact avec l'eau, et de différentes manières. Mais combien parmi vous sont conscients que, par sa nature et ses propriétés, l'eau est dans le plan physique une expression de l'Âme universelle ? À travers l'eau, l'Âme universelle envoie ses messages. Si vous ne les recevez pas, c'est que vos canaux psychiques sont encore obstrués. Mais libérez ces canaux en vous nourrissant de pensées pures et de sentiments purs : vous vous élèverez jusqu'à la région de l'eau céleste qui vous remplira de sa pureté, de sa transparence.

Apprenez donc à aimer l'eau, à travailler avec elle. Remplissez-en une coupe et penchez-vous sur elle en vous concentrant sur de belles images, harmonieuses, poétiques. Il se peut alors que vous les voyiez apparaître, parce que l'eau est le véritable miroir magique. Mais l'essentiel, c'est de sentir ces images présentes en vous, car c'est de leur substance éthérique, lumineuse, que votre âme se nourrit.

16 août

*T*oute activité, aussi insignifiante soit-elle en apparence, un mouvement, un sentiment, une pensée, une parole, produit nécessairement des effets bons ou mauvais. C'est pourquoi on peut dire que la magie est la première des sciences. Il suffit d'un mouvement, d'une influence, d'une empreinte, d'une vibration, pour qu'on entre dans le domaine de la magie. Chaque fois qu'un être agit sur un autre ou sur un objet, il accomplit un acte magique. Et voilà que les gens regardent, parlent, pensent, ont des désirs, des sentiments, font des gestes, sans se rendre compte que toutes les forces qu'ils déclenchent ainsi sont des forces magiques. Souvent, dans leur ignorance, il leur arrive de mettre en action des courants négatifs qui finissent par se retourner contre eux, et quand ils sont saisis, secoués, ils ne comprennent pas ce qui leur arrive.

Il est donc important que chacun apprenne à travailler sur ses pensées, ses sentiments, ses paroles, ses gestes, son regard, afin que les forces déclenchées par chacune de ses activités physiques ou psychiques ne produisent que des effets bénéfiques… bénéfiques pour lui, mais aussi pour toutes les autres créatures dans le monde.

17 août

*N*e rien faire n'a jamais été la meilleure façon de se reposer. La meilleure façon de se reposer, c'est de changer d'activité. Et le travail spirituel, justement, est par nature très différent de toutes les activités dont vous avez l'habitude. Ce n'est pas comme d'aller chaque jour sur un chantier, à l'usine ou au bureau, pour gagner, et quelquefois péniblement, votre vie et celle de votre famille. Dans le travail spirituel, il s'agit de développer cette part divine de vous-même qui, dans l'existence quotidienne, est brimée, étouffée par toutes sortes d'obligations et de soucis.

Donc, voilà le meilleur repos : apprendre à introduire en vous l'ordre et l'harmonie, permettre à votre nature divine de s'épanouir dans la lumière et l'amour, afin de devenir un jour un facteur bénéfique pour le monde entier.

18 août

*S*ur certaines représentations qu'on a faites de lui, Bouddha regarde sa main droite. Mais ne fait-il que la regarder ? En réalité, lorsque Bouddha se concentre sur sa main, il entre en communication avec la grande main du Créateur, c'est-à-dire avec tout l'univers, avec les soleils, les étoiles, les nébuleuses. Et dans cette main du Créateur, c'est la Voie lactée qui représente la ligne de Saturne.

Si Bouddha se concentre sur sa main, c'est qu'une main n'est pas uniquement un organe physique que nous utilisons comme n'importe quel outil ou instrument : elle est imprégnée d'une matière fluidique grâce à laquelle elle communique avec les corps subtils de la nature. Comme Bouddha, celui qui se concentre sur sa main peut entrer en relation avec l'univers. Il se sent lui-même dans la main du Créateur, nourri par les énergies qu'il reçoit du centre de cette main.

19 août

Dès que vous sortez d'une ville, la nature est là qui vous environne. Alors, où que vous alliez, dans les forêts, au bord des rivières, des lacs, des océans, dans la montagne, tâchez de vous manifester comme des enfants de Dieu qui aspirent à une vie plus belle, plus subtile, plus lumineuse. Ne soyez pas inattentifs, négligents, montrez-vous conscients de la présence des êtres qui habitent ces lieux.

La nature est un sanctuaire où vivent des créatures éthériques qui méritent qu'on s'approche d'elles avec respect. Commencez donc par les saluer, témoignez-leur votre amitié, votre amour, dites-leur combien vous appréciez leur travail. Ces créatures qui vous aperçoivent de loin sont tellement émerveillées de votre attitude qu'elles se préparent à déverser leurs bénédictions sur vous : la paix, la lumière, l'énergie pure. Vous vous sentez alors baignés, enveloppés par l'atmosphère qui émane de ces êtres spirituels, et quand vous retournez chez vous, vous rapportez toute une richesse, des révélations, des pensées et des sentiments plus riches, plus vastes.

20 août

Celui qui dit « moi, je… » sait-il toujours vraiment de qui il parle ? Lorsqu'il dit : « Je suis… (malade, ou bien portant, malheureux ou heureux), je veux… (de l'argent, une voiture, une femme), j'ai… (tel désir, tel goût, telle opinion) », il croit qu'il s'agit réellement de lui, et c'est justement là qu'il se trompe.

Comme les humains ne se sont jamais analysés en profondeur pour connaître leur véritable nature, ils s'identifient sans cesse avec ce « je » représenté par leur corps physique, leurs instincts, leurs désirs, leurs sentiments, leurs pensées. Mais s'ils cherchent maintenant à se retrouver par l'étude et la méditation, au-delà de toutes les apparences ils parviendront à découvrir que leur véritable moi se confond avec Dieu Lui-même. Car la réalité, c'est qu'il n'existe pas une multitude d'êtres séparés, mais un Être unique qui travaille dans toutes ses créatures, qui les anime et se manifeste à travers elles, même à leur insu. Quand ils arriveront à sentir cette réalité, les humains se rapprocheront de la Source divine où ils ont tous leur origine.

21 août

Tous les jours des tentations se présentent à nous. Être tenté, c'est recevoir une influence. Or, qu'est-ce qu'une influence ? Un courant qui essaie de pénétrer en nous, donc une sorte de nourriture. Il y a de bonnes influences, mais il y en a aussi de mauvaises et il n'est pas toujours possible de s'opposer à l'irruption en nous de courants négatifs. Mais une fois qu'ils se sont introduits, nous devons nous efforcer de les transformer. Si nous succombons, si nous nous laissons aller à un geste de faiblesse, notre tribunal intérieur note que nous n'avons pas su assimiler ces substances, et elles vont réapparaître d'une façon ou d'une autre sous forme de troubles psychiques ou même physiques.

Il faut donc veiller à ce que les nourritures empoisonnées ne pénètrent pas en nous. Mais comme ce n'est pas toujours possible, s'il arrive qu'on leur ait ouvert la voie, on doit s'exercer à les transformer pour les rendre digestes, assimilables.

22 *août*

*N*e vous préoccupez pas de savoir si l'être que vous aimez est aussi celui qui vous aime. Pourquoi ? Parce que l'amour circule, il va de l'un à l'autre : on le reçoit, on doit le donner. Ce que vous donnez à un être que vous aimez, il le donne à son tour, et ainsi se forme une chaîne, un courant qui part de vous et vous revient à travers des milliers d'hommes et de femmes. Ceux qui se contentent de se renvoyer mutuellement leur amour ne font pas circuler le courant ; au contraire, ils le coupent.

Et voici encore une image. Représentez-vous les humains comme des alpinistes qui font partie d'une seule et même cordée. Il faut que chacun avance et que la corde reste tendue. Si vous dites à celui qui marche devant vous : « Je t'aime, retourne-toi, regarde-moi », vous entravez la marche de toute la colonne. Se retourner, c'est détendre la corde, c'est empêcher ceux qui sont devant comme ceux qui sont derrière de continuer à monter. Chacun doit avancer dans le sens du déplacement de toute la chaîne. Nous n'avons pas à nous arrêter pour nous regarder et nous parler ; nous devons toujours monter sans répit, sans défaillance, vers le sommet. La vie quotidienne donne de nombreuses occasions d'interpréter cette image !

23 août

***P**lusieurs fois dans leur existence, les humains ont à subir des épreuves qui les obligent à se poser les seules questions vraiment importantes : celles qui concernent le sens de leur vie. Et si on leur dit qu'ils trouveront les réponses dans la religion, la plupart continuent à se sentir perdus, dans le vide, parce que des réponses toutes faites ne leur sont d'aucun secours. Mais il arrive parfois que, submergés par la souffrance, certains êtres plongent si profondément en eux-mêmes que c'est finalement en eux qu'ils trouvent les réponses. Ce n'est pas la religion qui les aide, ce n'est pas la foi qui les aide, mais ils trouvent la foi à cause de l'expérience qu'ils sont en train de vivre.

La vérité, c'est que Dieu a mis en l'homme toutes les réponses aux questions qu'il se pose, toutes les ressources dont il a besoin pour affronter les épreuves de la vie. Après avoir cherché, creusé, il peut finir par les trouver, et il les trouve même plus sûrement que dans certaines explications de la religion.

24 août

*A*voir la foi, c'est faire chaque jour des expériences qui nous permettent de sentir la réalité du monde divin. Car la foi se nourrit, elle aussi. Elle se nourrit au fur et à mesure que nous prenons conscience des richesses que Dieu a déposées dans tout ce qui nous entoure : la terre, l'eau, l'air, la lumière du soleil, et que nous faisons des efforts pour travailler avec elles. À quoi sert de réciter et de chanter qu'on croit en *« Dieu, créateur du ciel et de la terre »*, si on ne fait rien pour que ce ciel et cette terre nous aident à renforcer notre foi en Lui ? On est inconscient, négligent, superficiel, on coupe le lien avec la Source de la vie, et puis on dit : « Rien n'a de sens, il n'y a pas de Dieu. »

En réalité, si vous faisiez déjà l'effort de respirer et de manger consciemment, de marcher et de faire certains gestes consciemment, un sens vous apparaîtrait et vous ressentiriez la puissance divine. Rien ne vaut les expériences, ce sont elles qui affermissent votre foi… Quand vous aurez fait certaines expériences, vous serez obligé de sentir, en vous et autour de vous, la présence de cet Être sublime, créateur de l'univers.

25 août

*L*a beauté exerce un tel pouvoir de fascination sur les humains qu'ils sont toujours tentés de s'approcher d'elle pour la toucher, la saisir, la posséder. Mais la beauté ne peut pas être possédée, car la beauté n'appartient pas, par essence, au monde physique, c'est pourquoi si on tente seulement de l'effleurer, elle s'échappe. La beauté est un monde fait exclusivement pour les yeux ; elle n'est destinée ni à la bouche ni aux mains. Elle aime être regardée, mais elle ne supporte pas d'être touchée. Il faut donc être toujours attentif lorsqu'on rencontre un être vraiment beau. Ceux qui n'ont pas une bonne attitude peuvent chasser les entités célestes qui l'habitent et qui lui donnent cette beauté. Ils posséderont peut-être un corps, mais si les entités s'éloignent de cet être, eux aussi perdront quelque chose : ils seront privés de l'élément impalpable qui embellissait leur propre vie.

Notre joie, notre inspiration dépendent donc du respect que nous manifestons envers la beauté. En apprenant chaque jour à la contempler, nous goûtons la vie véritable.

26 août

Il y a des lieux sur la terre, des territoires où vous ne pouvez pénétrer qu'en présentant un laissez-passer, un passeport, un visa. Sachez que c'est encore plus vrai pour le monde divin. Il ne suffit pas que vous décidiez de vous présenter aux portes du Ciel pour qu'elles s'ouvrent. Des entités sont là qui vous disent : « Attendez, nous devons d'abord voir qui vous êtes et si nous pouvons vous laisser entrer. »

Sur quoi se fondent ces entités pour se prononcer ? Sur vos vertus. Chaque fois que vous avez agi conformément aux vertus divines, elles vous marquent de leur sceau, chacune laisse sur vous des traces, des empreintes, et c'est cela votre laissez-passer. Quand, muni de ce laissez-passer, vous vous présentez aux frontières du monde divin, une sorte de mécanisme se déclenche et vous entrez. Vous ne serez peut-être pas admis tout de suite dans le Saint des Saints, mais vous entrez.

27 *août*

*J*e ne vous parle que de vous, de réalités qui existent en vous. Même si vous n'avez pas encore pris conscience de leur existence, même si vous ne comprenez pas bien à quoi correspond ce que je vous dis, je sais que je touche par mes paroles une entité qui ne demande qu'à venir à la lumière. Cette entité, on peut la comparer à un lotus qui commence à se développer sous l'eau avant de s'épanouir à la surface.

Les choses naissent, se forment et commencent à croître dans l'obscurité du subconscient. Au moment où elles apparaissent à la conscience, elles n'en sont pas à leur début, mais presque à leur achèvement, car depuis longtemps déjà elles étaient en mouvement. De la même façon, mes paroles réveillent au plus profond de vous une existence, une entité spirituelle qui, un jour, comme la fleur de lotus, sortira pour s'épanouir au-dessus de l'eau.

28 août

*V*ous voudriez vous corriger de certaines faiblesses, vous voudriez arriver à dominer certaines tendances instinctives ? Vous n'y arriverez que si vous nourrissez en vous de l'amour pour un haut idéal. Et qu'est-ce qu'un haut idéal ? Une aspiration à la beauté, la beauté spirituelle qui est faite de pureté, de lumière, d'harmonie. Vous contemplez cette beauté, et naturellement, spontanément, vous vous dégagez de tout ce qui est malsain, obscur, chaotique. Cet amour pour la beauté vous protège, comme un vêtement que vous ne voudriez pas salir.

Quand vous portez des vêtements neufs ou que vous aimez particulièrement, vous ne vous lancez pas dans des activités qui vous exposent à les déchirer, à les tacher ; instinctivement, vous faites attention à vos gestes, aux endroits où vous vous asseyez. Il en est de même du haut idéal. Si vous vous décidez à cultiver le goût pour le monde de la beauté, de l'harmonie, et le désir de vous en rapprocher, vous sentirez peu à peu se tisser autour de vous comme un vêtement subtil que vous voudrez protéger, et c'est vous aussi qui serez protégé.

29 août

À toutes vos prières, à toutes les questions que vous vous posez, vous recevez intérieurement des réponses. Si vous ne les entendez pas, c'est à cause de l'épaisseur des couches opaques dont vous vous êtes entouré en vous laissant aller à des pensées, des sentiments, des désirs et des actes qui n'étaient pas inspirés par l'amour, la sagesse et la vérité. Commencez à faire tomber ces murailles et vous entendrez.

Maintenant, bien sûr, il se peut aussi que la réponse que vous recevrez ne soit pas très facile à accepter. Quand vous vous débattez dans une situation inextricable en vous demandant comment en sortir, vous avez tendance à vous figurer qu'une solution va apparaître et vous tirer de là comme par un coup de baguette magique. Eh non, cette solution peut exiger de vous de très grands efforts. Mais ne reculez pas ; si c'est vraiment cela la solution, même pénible, elle vaut mieux que toutes les incertitudes, les angoisses dans lesquelles vous viviez jusque-là. Car vous pouvez en être sûr, ces souffrances ne vous quitteront pas tant que vous n'accepterez pas de faire ces efforts.

30 août

Il y a des êtres qui vous aiment et cela vous rend heureux. Vous ressentez cet amour comme une source qui ne cesse de couler pour vous et où vous pouvez toujours vous désaltérer. C'est vrai, mais faites attention, soyez prudent : lorsque vous arrivez auprès de cette source, ne vous hâtez pas de boire. Arrêtez-vous devant elle, reposez-vous du long chemin parcouru, recueillez l'eau dans vos deux mains comme dans une coupe, et portez-la jusqu'à vos lèvres, lentement, consciemment, avec reconnaissance. Si vous arrivez à trouver la bonne attitude, vous n'aurez pas à craindre que cette eau de l'amour s'épuise jamais.

C'est là une image pour vous faire comprendre que l'amour est une source inépuisable à condition que vous sachiez la protéger. Ne considérez jamais l'affection des êtres comme quelque chose qui vous est dû et dont vous pouvez user librement. Conduisez-vous avec respect, délicatesse, afin de ne pas troubler la limpidité de cette eau.

31 août

La parole est créatrice de mondes, et ces mondes sont capables de se maintenir très longtemps. Jusqu'à quand une parole peut produire des effets, il est impossible de le savoir. Alors, que penser de toutes ces musiques que l'on entend à l'heure actuelle, des musiques hystériques sur lesquelles ont été mises tant de paroles vulgaires ou violentes ? Il est dangereux pour une société de sous-estimer leur pouvoir destructeur.

Dans une École initiatique, la musique, et surtout le chant, a un rôle important à jouer. Puisque dans le chant nous sommes nous-même l'instrument qui produit les sons, chanter a sur nous, sur notre corps physique et sur nos corps subtils, des effets très puissants. Par le chant, nous émettons des ondes, des courants de forces qui créent en nous des formes. C'est pourquoi il est essentiel de retrouver la fonction mystique du chant en concentrant toute notre attention non seulement sur la mélodie, mais aussi sur les paroles.

1er septembre

« *T*ravailler d'après les lois de la sagesse et les méthodes de l'amour, voilà le programme », disait le Maître Peter Deunov. La sagesse nous indique l'idéal vers lequel nous devons tendre ; c'est un programme grandiose qui nous occupera pour l'éternité. Et pour réaliser ce programme, nous devons adopter les méthodes de l'amour en vivant chaque minute consciemment, avec beaucoup d'attention. Les lois représentent les points fixes d'après lesquels nous devons nous diriger, et les méthodes sont nos instruments de travail. Les méthodes de l'amour nous permettent de réaliser les buts grandioses de la sagesse. On se trompe si on croit pouvoir arriver à la sagesse en négligeant l'amour : on se desséchera et on tombera en poussière.

Nombreuses sont les méthodes de l'amour. Elles nous permettent de faire d'abord des échanges avec la nature entière par la respiration, la nutrition, la contemplation du lever du soleil… Ensuite, des échanges avec les êtres humains en manifestant la bonté, la générosité, la patience… Et, enfin, des échanges avec le monde divin par la méditation, la prière, la contemplation.

2 septembre

*T*ant que nous serons sur la terre, nous devrons affronter toutes les manifestations du mal ; il est inutile de chercher à le supprimer, nous n'y arriverons pas, et ce n'est pas à nous de le faire. Notre tâche à nous, c'est d'être vigilants et de nous renforcer. S'il y a des méchants, s'il y a des esprits mauvais, c'est que le Créateur accepte leur existence, et nous devons accepter cela aussi. Ils ont le droit de chercher à nous nuire, et nous, nous avons non seulement le droit mais le devoir de nous protéger du danger. Si nous ne nous protégeons pas, nous serons leurs victimes, et nous ne devrons nous en prendre qu'à nous.

Vous direz : « Mais si je me confie à Dieu, si je L'aime, Il me protégera. » Non, si vous ne savez pas discerner d'où peut venir le mal, même votre amour pour Dieu ne vous sauvera pas. Dieu vous dira : « Tu M'aimes ? C'est très bien, mais pourquoi veux-tu que ce soit Moi qui fasse tout le travail ? » Ni votre amour, ni toutes vos bonnes qualités ne vous mettront à l'abri, si vous n'avez pas au moins appris à ouvrir les yeux pour reconnaître d'où vient le danger.

3 septembre

*L*a naissance d'une civilisation est, dans la majorité des cas, liée à la présence de l'eau : des sources, des rivières, des lacs, des fleuves... Là où l'eau coule, une flore et une faune apparaissent, et les humains installent leurs demeures. Regardez toutes les villes qui se sont construites sur les bords d'un fleuve... D'une certaine façon les fleuves représentent des frontières, mais ils sont également des voies de communication.

En réalité, l'eau peut être interprétée et comprise dans différents plans. Dans le plan psychique, on peut dire que c'est l'amour. S'il n'y a pas d'amour, c'est le désert. Malheureusement, quand ils font des projets, quand ils se lancent dans une entreprise, rarement les humains pensent que l'amour doit venir dire son mot ; ils comptent avant tout sur l'organisation. Eh bien, ils se trompent : lorsque manque l'amour, qui est le véritable moteur des choses, il n'y a pas de vie. Dès qu'apparaît l'amour, même si l'organisation manque, tout se met peu à peu en place et commence à fonctionner.

4 septembre

Périodiquement, il est bon que chacun fasse une pause afin de réviser sa vie. Pourquoi ? Parce que trop souvent, jour après jour, on s'alourdit, on s'obscurcit à cause de toutes sortes de préoccupations et d'activités qui s'ajoutent les unes aux autres sans rien apporter à l'âme et à l'esprit. Influencé par l'atmosphère ambiante, on oublie que l'on doit rester très peu de temps sur la terre et qu'on devra laisser ici toutes ses acquisitions matérielles, ses titres, sa position sociale.

Vous direz : mais tous les humains savent qu'ils sont sur la terre pour peu de temps. En effet, ils le savent, mais souvent ils l'oublient. Et même le disciple d'une École initiatique est influencé : il devient moins vigilant, il se laisse obnubiler par le spectacle des richesses, des succès autour de lui. C'est pourquoi il est indispensable que, de temps en temps, il s'arrête pour regarder en arrière, pour analyser la direction qu'il est en train de prendre, les activités dans lesquelles il est en train de s'engager. Et qu'il fasse chaque fois un triage afin de conserver seulement l'essentiel !

5 septembre

N'essayez pas de lutter contre la force sexuelle, car non seulement vous n'arriverez pas à la vaincre, mais c'est elle qui vous terrassera. Le seul moyen de la maîtriser est de trouver un allié, un associé très puissant vers lequel vous orienterez cette force et à qui vous la consacrerez. C'est lui qui, grâce à son savoir alchimique, parviendra à la transformer en lumière, en santé, en beauté.

Et quel est cet associé ? Un haut idéal, une idée sublime avec laquelle vous vivez, que vous chérissez, que vous nourrissez. Seule cette idée est capable de transformer vos énergies, pas vous. Si, au moment où vous ressentez une impulsion sexuelle que vous voulez maîtriser, vous vous concentrez sur votre idéal, cette énergie remonte vers le cerveau pour l'alimenter. Quelques minutes après, vous remportez la victoire, et non seulement vous êtes libéré, mais vous vous sentez renforcé, inspiré. Si vous prenez cette habitude de faire converger toutes vos énergies vers un idéal divin, au lieu de vous dominer ces énergies seront à votre service et contribueront à la réalisation de votre idéal.

6 septembre

Il est dit dans les *Psaumes* : « *Les justes croissent comme le palmier* ». C'est une image magnifique, mais comment l'interpréter ?

Le palmier est un arbre qui pousse dans les sables du désert. Là, le soleil brûle atrocement, l'eau est extrêmement rare. Cependant, le palmier se dit : « Je vais montrer ce que je suis capable de faire dans les pires conditions », et il offre ses dattes, qui sont plus sucrées et plus douces que n'importe quel autre fruit. Le palmier est donc un alchimiste : il transforme le sable en sucre. Par contre, un arbuste comme le prunellier, même planté dans un sol très riche, bien arrosé et sous un climat favorable, ne parvient à produire que des fruits âpres, immangeables.

Combien de gens sont semblables au prunellier ! Ils bénéficient des meilleures conditions, mais ils ne savent pas en tirer parti. Et non seulement ils ne produisent rien, mais ils sont toujours en train de se plaindre qu'il leur manque quelque chose. Ils ignorent les richesses qui sont en eux et comment ils peuvent les utiliser. Qu'ils méditent sur l'image du palmier qui, dans les pires conditions, arrive à donner des fruits délicieux.

7 septembre

Vous regardez un visage, un objet, un paysage… Êtes-vous conscient de ce qui se passe alors en vous ? Cet acte de regarder, avez-vous pensé combien il est vaste, profond et significatif ? Il paraît simple, sans mystère, mais tâchez de mieux l'étudier et vous découvrirez qu'il a une dimension magique.

Vous posez votre regard sur un objet… Dès ce moment-là, cet objet représente un danger qui vous guette ou un bonheur qui vous attend. Cela dépend de sa nature, de sa forme, de ses radiations, et aussi de votre état intérieur, car tout votre être tend à prendre la forme, les dimensions et les qualités de cet objet. Intérieurement, dans le plan psychique, que ce soit conscient ou non, vous vous mettez à ressembler à ce que vous regardez. C'est une loi naturelle, biologique. Et de cette loi bien comprise et appliquée consciemment, dépend votre possibilité d'évoluer, de vous perfectionner. C'est pourquoi habituez-vous à poser votre regard sur tout ce qui est beau, harmonieux, lumineux, parfait.

8 septembre

*U*n sage était dans son jardin en train de cueillir des fruits. Soudain, il entend du bruit et voit un homme courir : « Mais où vas-tu si vite ? lui demande-t-il. – Mon voisin me poursuit avec un fusil : il prétend que c'est moi qui ai mis le feu à son grenier. – Va-t-en vite, je vais arranger ça. » Arrive l'autre homme : « Où cours-tu ainsi ? lui demande le sage. Tu es bien essoufflé. Assieds-toi un instant. – Non, je dois rattraper un individu qui a mis le feu à mon grenier. Je vais lui donner une correction dont il se souviendra toute sa vie. – Mais il doit être loin maintenant. Regarde ces fruits, ils sont délicieux. Assieds-toi, goûte-les. » L'homme finit par s'asseoir, il se régale avec les fruits, et le sage lui fait aussi admirer les fleurs et les arbres du jardin, le ciel bleu, etc. Cette petite halte change son humeur, il renonce à poursuivre son voisin et propose même au sage de l'aider à cueillir ses fruits.

Vous direz que c'est là une histoire invraisemblable. Pas tellement… Le sage savait que s'il se mettait en travers du chemin en disant à l'homme en colère : « Arrête-toi, ça ne vaut pas la peine de courir ainsi », l'autre l'aurait bousculé sans rien vouloir entendre, et il aurait été obligé d'employer la force. Alors, qu'a-t-il fait ? Il a détourné son attention en lui offrant des fruits. Pour empêcher les humains de faire le mal, plutôt que de s'opposer à eux, il vaut mieux essayer de détourner leurs énergies.

9 septembre

Pouvoir entrer en contact avec toutes les créatures et toutes les forces qui animent les pierres, les plantes, les montagnes, les sources, le soleil, les étoiles, c'est cela communier.

Quand, en souvenir de la Cène, le dernier repas que Jésus prit avec ses disciples, les chrétiens reçoivent le pain et le vin, ils appellent cela « la sainte communion ». Mais recevoir le pain et le vin, ou recevoir l'hostie, cela ne suffit pas pour communier vraiment. Communier, c'est être capable d'entrer par l'amour et la sagesse en relation avec la vie divine dans l'univers. Le jour où nous donnerons à la communion sa véritable dimension, une dimension cosmique, nous pourrons dire que nous mangeons la chair du Christ et que nous buvons son sang. Dans toutes les régions de notre être, nous sentirons circuler des courants d'énergies abondantes et pures, et nous saurons que c'est cela la vie éternelle qui n'a ni commencement ni fin.

10 septembre

L'espace n'est pas quelque chose de vague et d'indéfini, il obéit à une structure qui correspond au nombre 4 : les quatre points cardinaux. Or, que sont les quatre points cardinaux sinon une croix ? L'Initié qui doit commencer un travail se tourne successivement vers chacune des quatre directions de l'espace ; il trace ainsi une croix pour indiquer que son esprit va entrer en activité. À chacun des quatre points cardinaux préside un archange : à l'est Michaël, à l'ouest Gabriel, au nord Ouriel, et au sud Raphaël. C'est parce que l'Initié comprend la croix vivante que toutes les entités lumineuses répondent à son appel et viennent participer à son travail.

Le rite qui consiste à se tourner vers les quatre points cardinaux s'est perpétué dans la religion chrétienne sous la forme du « signe de la croix ». Lorsque le chrétien porte sa main droite successivement au front, au plexus solaire, à l'épaule gauche et à l'épaule droite (ou l'inverse : à l'épaule droite puis à l'épaule gauche) en prononçant : « Au nom du Père, du Fils et du Saint-Esprit. Amen », il entre en contact avec les quatre directions de l'espace. L'espace est la matière sur laquelle il travaille par sa pensée et son amour.

11 septembre

Chacun est curieux de connaître son avenir… C'est naturel, mais il n'est pas nécessaire d'aller pour cela consulter des clairvoyants : il est très facile de connaître son avenir, et je peux vous le montrer. Cela ne vous donnera pas des indications sur les rencontres que vous ferez bientôt, les gains ou les pertes d'argent, les maladies, les accidents, les succès… Mais quelle importance ? L'important, pour vous, c'est de savoir si vous avancerez ou non sur le chemin de l'évolution, si vous serez libre, dans la lumière et dans la paix… Et là, c'est très facile à découvrir. Si vous aimez tout ce qui est grand, noble, juste et beau, si vous travaillez de tout votre cœur, de toute votre pensée, de toute votre volonté pour l'atteindre et le réaliser, votre avenir est déjà tracé : vous vivrez un jour dans les conditions qui correspondent à vos aspirations, à votre idéal.

Voilà l'essentiel à connaître concernant votre avenir. Tout le reste est secondaire, car cela peut vous être donné et repris. Quand vous quitterez la terre, il ne vous restera véritablement que ce que vous avez fait pour répondre aux aspirations de votre âme et de votre esprit.

12 septembre

Quand ils ont à traverser des épreuves, quand ils souffrent, c'est à ce moment-là que les croyants se posent le plus de questions sur Dieu, son existence, sa volonté... Et surtout, est-ce qu'Il viendra les secourir ? Beaucoup se plaignent de ne recevoir ni réponse ni secours. Pourquoi ? Parce qu'ils se posent ces questions comme si Dieu était un être totalement extérieur à eux. Quand ils comprendront que Dieu habite en eux et quand à travers toutes les épreuves ils persisteront à se lier à Lui, ils se sentiront guidés, éclairés, soutenus.

Celui qui souffre se sent souvent très seul, abandonné de tous. Alors pourquoi doit-il perdre encore, par négligence, par ignorance, la seule aide, le seul réconfort véritable qu'il puisse recevoir ? Cette aide, ce réconfort se trouvent dans la présence de Dieu en lui. Lorsqu'il prie, il ne s'adresse pas seulement au Créateur du ciel et de la terre, un Être tellement éloigné qu'on n'arrive même pas à Le concevoir, mais à une puissance qui l'habite, lui, et avec laquelle il ne doit jamais perdre le contact.

13 septembre

*V*ous mangez quelques fruits, et voilà que cette nourriture, une fois digérée et assimilée, contribue au bon fonctionnement de tout votre organisme. Quelle est cette Intelligence qui a trouvé le moyen d'apporter à chaque organe de notre corps ce dont il a besoin pour que nous puissions continuer à vivre ?… Comment ne pas être en admiration devant elle ? Grâce à cette nourriture vous allez continuer à voir, à entendre, à respirer, à goûter, à toucher, à parler, à chanter, à marcher. Et même vos cheveux, vos ongles, vos dents, votre peau, etc., vont en profiter. Oui, comment ne pas être saisi d'admiration devant cette Intelligence ? Désormais, vous devez davantage penser à elle et lui manifester votre reconnaissance.

Ce qui est essentiel dans la nourriture, ce n'est pas la matière des aliments, mais les énergies qu'ils contiennent, la quintessence emprisonnée en eux, car c'est là qu'est la vie. La matière de l'aliment est seulement un support. À travers cette matière, c'est donc la quintessence que nous devons chercher à recueillir, afin de nourrir aussi nos corps subtils. Considérer que nous mangeons pour nourrir seulement notre corps physique est une erreur : nous mangeons pour nourrir aussi notre cœur, notre intellect, notre âme et notre esprit.

14 septembre

Ceux qui quittent le Seigneur, qui coupent le contact avec Lui, laissent tarir en eux la source de l'amour. Un jour, devant les échecs successifs de leur vie sentimentale, ils se posent des questions : tous ces hommes ou ces femmes, comment se fait-il qu'ils aient pu les aimer ? Au moment de la rencontre ces êtres leur paraissaient irrésistibles ; puis, peu à peu, ils ont fini par les trouver tout à fait quelconques ou même insupportables. C'est tout simplement parce que l'Être unique qui habitait tel homme ou telle femme n'est plus là pour eux. Ce n'était donc pas lui ou elle qu'ils aimaient, mais l'Être qui les regardait à travers cet homme ou cette femme. Et ils n'ont pas su ce qu'il fallait faire pour Le retenir. Ils se sont montrés négligents, insouciants, égoïstes, et l'Être qui vivait dans leurs bien-aimés s'est éloigné.

Ne recherchez donc pas les hommes ou les femmes pour ce qu'ils sont, eux, mais pour découvrir à leur contact l'Être unique qui vous visite à travers eux.

15 septembre

*V*ous avez vu des gens ivres : les zigzags de leur démarche se retrouvent dans leur humeur qui passe aussi d'un extrême à l'autre. Ils rient puis ils pleurent ; ils ont l'air béat, puis furieux ; ils s'endorment sous la table ou ils cassent tout… Mais en réalité, le vin n'est pas le seul à provoquer l'ivresse, il y a des pensées et des sentiments qui ressemblent au vin : la jalousie, la colère, les désirs sensuels, etc. Ceux qui sont sous l'emprise de ces vins-là s'égarent dans les brumes et les vapeurs du monde astral, leur jugement est aussi chancelant que leur démarche.

Mais il existe une ivresse divine : l'extase. Et cette ivresse-là, au contraire, donne la vision claire, elle illumine la conscience. Il n'est pas interdit de s'enivrer, c'est Dieu qui a mis ce besoin en l'homme, mais il doit chercher l'ivresse en haut, dans la beauté, dans la lumière, en buvant l'eau pure qui jaillit au sommet des montagnes spirituelles. Buvez de cette eau et vous connaîtrez un merveilleux enivrement qui vous donnera l'équilibre, la force et la clarté.

16 septembre

*O*bservez la nature, vous découvrirez qu'elle ne cesse de nous présenter des méthodes pour résoudre nos problèmes. Par exemple : comment l'huître s'y prend-elle pour fabriquer une perle ? À l'origine, il y a un grain de sable qui est tombé dans sa coquille, et ce grain de sable est une difficulté pour elle, il l'irrite. « Ah, se dit-elle, comment m'en débarrasser ? Il me gêne, il me gratte, que faire ? » Elle se met à réfléchir, elle se concentre… elle médite ! Et voilà qu'un jour elle commence à sécréter une matière spéciale avec laquelle elle enveloppe ce grain de sable tellement désagréable, et il devient lisse, poli, velouté. Quand elle a réussi, elle est contente, elle se dit : « Non seulement ce grain de sable ne me gêne plus, mais j'en ai fait une perle magnifique ! »

Voilà la leçon de l'huître perlière : elle nous montre que si par la pensée nous arrivons à envelopper nos ennuis, nos contrariétés d'une matière lumineuse, irisée, nous amasserons de grandes richesses. Le véritable spiritualiste sait travailler sur ses difficultés pour en faire des perles très précieuses.

17 septembre

Qu'il soit homme ou femme, l'être qui a véritablement trouvé son âme sœur, c'est-à-dire qui a trouvé en lui-même son principe complémentaire, a la sensation de rencontrer ce principe chez toutes les créatures. Il aime toutes les femmes et tous les hommes sur la terre, il les aime spirituellement et il est heureux, car à travers chacun de ces êtres, c'est son âme sœur qui le comble. Il n'éprouve plus ce manque qui l'oblige à chercher continuellement comment y remédier. Toutes les rencontres qu'il fait contribuent à l'enrichir. À partir du moment où il a réalisé la plénitude en lui-même, il découvre son principe complémentaire dans toutes les créatures. Ce sont des expériences inexplicables, inexprimables. Seul celui qui les a réalisées peut les comprendre. Mais d'ici-là, quel chemin à parcourir ! Toujours souffrir, être déçu, toujours chercher un être et ne pas le trouver… Jusqu'au jour où on se rend compte qu'on le possède au-dedans de soi. Et du jour où on a trouvé l'âme sœur en soi, on la trouve partout en dehors de soi.

18 septembre

*T*out ce que vous vivez intérieurement entraîne des conséquences. Pourquoi ? Parce que chaque pensée, chaque sentiment, chaque désir a la propriété d'attirer de l'espace une matière qui lui correspond. Ainsi, de bonnes pensées, de bons sentiments, de bons désirs soutenus par une volonté ferme attirent des particules d'une matière pure, éternelle, incorruptible.

Travaillez chaque jour à attirer cette matière subtile de l'espace. Toutes les particules que vous recueillerez ainsi trouveront leur place en vous et en même temps elles chasseront les particules ternes, usées, maladives. C'est ainsi que vous régénérerez vos corps physique, éthérique, astral et mental*. Et comme chaque particule de matière est liée à une énergie de même nature, plus une matière est pure, plus elle vibre et attire des énergies du monde spirituel. Donc, au fur et à mesure que vous remplacez dans votre organisme des particules de matière déjà usées par de nouvelles particules plus pures, vous attirez à vous des énergies des régions célestes.

* Voir note et schéma, p. 394 et 395.

19 septembre

Pourquoi les alchimistes décrivent-ils la transformation de la matière du Grand Œuvre comme une succession de couleurs ? Parce qu'ils ont observé cette succession dans la vie végétale. Regardez les arbres fruitiers : à quelques nuances près, car la nature est riche de différences, ils passent par une série de couleurs et toujours dans le même ordre. Pendant l'hiver, les arbres sont noirs et nus. Au printemps, ils deviennent blancs avec les fleurs et verts avec les feuilles. Puis arrive l'été : les fruits en mûrissant deviennent jaunes et rouges ; et quand l'automne approche, c'est le feuillage qui devient rouge et or. Avec le rouge et l'or, le processus est terminé, c'est la fin du cycle comme dans l'œuvre alchimique.

À l'image de la végétation, l'être humain doit traverser intérieurement toutes les phases de l'œuvre alchimique. Il meurt, puis il renaît. Et il renaît avec des vertus et des pouvoirs nouveaux : des couleurs nouvelles.

20 septembre

Pourquoi se limiter aux rencontres que l'on fait dans le plan physique avec des êtres humains ? Il y a tellement d'autres êtres à rencontrer et avec qui entrer en relation ! Chaque jour vous avez la possibilité non seulement de vous lier aux entités lumineuses qui peuplent l'univers, mais de les attirer à vous. Alors, adressez-vous à elles : « Venez, venez amis célestes, installez-vous en moi comme dans votre demeure. » Adressez-vous au Seigneur, à la Mère divine, à la Sainte Trinité, à tous les Anges et Archanges, serviteurs de Dieu, serviteurs de la lumière, et dites-leur : « Tout mon être vous appartient, disposez de moi pour la gloire de Dieu, pour l'avènement de son Royaume et de sa Justice sur la terre. »

Par ces paroles de consécration vous invitez les entités célestes à venir habiter en vous et vous vous mettez sous leur protection. Jusque-là, ne vous étonnez pas si ce sont d'autres entités, pas du tout célestes celles-là, qui cherchent à s'installer en vous, et sans attendre votre invitation ! C'est à vous qu'il appartient de décider par qui vous voulez être « occupé ».

21 septembre

*M*ême les gens les plus ignorants savent que le sang est un liquide infiniment précieux et que celui qui perd son sang perd aussi la vie. Tant qu'il circule à l'intérieur du corps, le sang est protégé comme dans un récipient fermé. Mais dès qu'il s'en échappe pour une raison ou une autre, comme tout liquide il s'évapore ; c'est-à-dire que de ce sang s'exhalent des particules éthériques qui vont se disperser dans l'espace. Or, ces particules sont vivantes, elles ont conservé quelque chose des éléments qui font que le sang est porteur de vie. C'est pourquoi elles servent de nourriture aux entités invisibles.

Cette propriété qu'a le sang de dégager des effluves dont se nourrissent des entités invisibles, est connue depuis la plus haute antiquité. On dit d'un blessé qu'il perd son sang. Lui, en effet, le perd, mais comme en réalité rien ne se perd dans l'univers, il y a toujours des créatures pour venir se nourrir des émanations qui s'échappent de quelques gouttes de sang. C'est pourquoi, si vous perdez du sang, ne le laissez pas sécher – ou ne vous en débarrassez pas – sans l'avoir consacré par la pensée aux entités lumineuses du monde invisible. Elles sauront comment l'utiliser pour leur travail.

22 septembre

Chaque année, le 22 septembre, le soleil entre dans la constellation de la Balance, ouvrant ainsi une période nouvelle. C'est l'automne, l'époque des fruits mûrs que l'on ramasse ; et les grains sont triés pour être mangés, ou bien conservés pour être semés plus tard, afin que le cycle recommence. Mais ce travail de séparation, de triage qui se fait dans la nature, ne concerne pas uniquement la végétation : il concerne aussi l'être humain. Car l'automne est le moment de cette séparation dont parle Hermès Trismégiste dans la Table d'Émeraude : « Tu sépareras le subtil de l'épais avec une grande industrie, » c'est-à-dire avec grand soin. Séparer le subtil de l'épais signifie séparer le spirituel du matériel. C'est pourquoi l'Initié, qui participe avec son esprit à ce travail de toute la nature, sait que le moment est venu de laisser mourir la matière obscure qui reste encore en lui, afin de libérer la vie véritable.

Et de même que le fruit se sépare de l'arbre, de même que le noyau ou la graine se sépare du fruit, l'âme un jour se séparera du corps. Le corps est l'enveloppe de l'âme, et l'âme est la graine qui sera semée en haut, dans le ciel. Le jour où le fruit de l'homme est mûr, il ne retombe pas sur la terre comme la graine d'une plante, mais il s'envole vers le ciel.

23 septembre

Depuis deux millénaires on répète aux chrétiens que Dieu est Amour, mais a-t-on vraiment compris le sens de ces paroles ? Dire que Dieu est Amour, c'est avoir conscience qu'à tous les êtres sans exception Il a tout donné. Vous souffrez, vous êtes dans le malheur et vous demandez à Dieu de venir à votre secours ; vous pensez que c'est ici, maintenant, que vous avez besoin de son aide et qu'Il doit répondre à vos prières, c'est-à-dire qu'Il doit vous rendre la santé, arranger vos affaires, vous donner des amis, vous libérer de vos ennemis… Mais vous vous trompez, Dieu n'a rien à faire pour vous maintenant, parce qu'Il a déjà tout fait. En créant l'être humain, Il a tout prévu, Il lui a tout donné, son amour lui a tout donné, il n'y a donc plus rien à demander.

Les véritables fils de Dieu sont ceux qui ne demandent rien, car ils savent qu'ils ont déjà tout. Si vous réclamez des mains pour travailler, des pieds pour marcher, des yeux pour voir, c'est ridicule, vous les avez déjà, dans le plan spirituel comme dans le plan physique. Vous devez seulement prier pour demander la lumière qui vous dira la meilleure manière de les employer.

24 septembre

Comme dans une illumination, il peut vous arriver d'avoir la révélation d'une vérité qui vous bouleverse. Avec la rapidité de l'éclair, quelque chose du monde de l'esprit vous traverse et remet en cause tout ce qui jusqu'à ce jour avait été vos convictions, vos certitudes. Vous pensez qu'à partir de ce moment-là rien ne sera plus jamais comme avant. Et en effet, à partir de ce moment-là il se peut que rien ne soit plus comme avant. Mais ce n'est tout de même pas si simple. Un événement bouleversant a bien eu lieu, mais sentir tout votre être secoué par une révélation ne signifie pas qu'elle ait suffisamment pénétré votre matière psychique pour que vous puissiez vous manifester aussitôt en conformité avec elle.

Vous avez été ébloui, vous avez percé un mystère, une vérité vous est apparue, mais cela ne suffit pas pour vous transformer. Ne soyez donc pas étonné si dans votre comportement quotidien toutes sortes d'indices prouvent que vous ne l'avez pas encore suffisamment comprise et acceptée. Quand vous réussirez à réaliser dans vos actes cette vérité dont vous avez eu la révélation, c'est alors seulement que vous l'aurez réellement comprise.

25 septembre

*L*a spiritualité ne consiste pas à mépriser ou à négliger le corps physique, mais à faire de lui l'instrument de l'esprit. C'est pourquoi l'enseignement de la Fraternité Blanche Universelle donne de nombreuses méthodes pour la purification et la régénération du corps physique. Les actes les plus naturels, les plus quotidiens et indispensables de la vie, comme respirer, manger, boire, se laver, marcher, dormir, parler, peuvent ainsi devenir des occasions de faire ce travail de régénération grâce auquel notre esprit acquiert de plus en plus le pouvoir de se manifester.

Cependant avoir des méthodes ne suffit pas. Il faut aussi une conscience éclairée pour comprendre leur raison d'être et savoir comment les appliquer. Les méthodes seules ne suffisent pas, car elles ne sont que des outils. Les mots ou les gestes que l'on répète ne libèrent leur puissance que si on leur donne un contenu, et leur donner un contenu suppose une philosophie. Les méthodes sont valables à condition d'être soutenues par une pensée, et il est souhaitable de bien approfondir cette pensée.

26 septembre

*L*a spiritualité ne consiste pas à mépriser la matière, mais à descendre en elle, travailler sur elle pour la vivifier, l'organiser. Et par « matière », il faut aussi entendre le corps physique. Si on le néglige sous prétexte de se consacrer aux nobles fonctions de l'intellect, de l'âme et de l'esprit, ces fonctions peu à peu s'affaibliront aussi.

Il ne faut pas laisser le corps physique dans l'état d'une maison abandonnée qui finira par servir d'abri aux bestioles et aux oiseaux nocturnes. Au contraire, son propriétaire doit souvent s'occuper de le nettoyer, de l'entretenir, de le rendre plus souple, plus vivant. Descendre dans la matière avec cette intention n'est jamais une chute. Et c'est là justement, qu'il y a une distinction à faire entre descente et chute. Descendre dans la matière est une chose, s'y laisser tomber en est une autre. Nous devons descendre dans la matière pour l'animer, l'éclairer, pour faire de notre corps la demeure du Dieu vivant.

27 septembre

Quand on souhaite fonder une famille, on est obligé de faire des efforts pour sortir de soi, pour s'ouvrir à l'autre, mari ou femme, et plus tard aux enfants. Seulement, l'erreur des humains, c'est de ne pas avoir compris qu'ils devaient élargir encore ce cercle de la famille, étendre leur amour à d'autres créatures, à l'univers entier. C'est pourquoi ils ne sont pas encore heureux, même avec leur famille et leurs amis.

Le bonheur, c'est de ne pas s'arrêter sur un être, ou deux, ou dix, ou cent… mais d'aimer à l'infini. Continuez donc à aimer ceux que vous aimez déjà, mais élargissez encore le cercle de votre amour pour avoir même des échanges avec toutes les créatures supérieures : les anges, les archanges, les hiérarchies célestes, le Seigneur… Votre famille, vos amis se trouveront enrichis, renforcés, embellis, purifiés à cause de tous ces états sublimes que vous nourrirez alors dans votre cœur et dans votre âme.

28 septembre

À cause de son grand pouvoir d'absorption, l'eau, en circulant sur la terre et dans l'atmosphère, se charge d'impuretés. Mais la nature a prévu certains processus pour sa purification. Ces processus sont de deux sortes. Avec le premier, l'eau s'infiltre dans le sol : là, dans l'obscurité, elle traverse différentes couches, abandonnant ses impuretés au passage ; peu à peu, elle redevient limpide et claire, et un jour elle jaillit de la terre comme eau de source. Le second est celui de l'évaporation : chauffée par les rayons du soleil, l'eau s'élève dans l'atmosphère, et c'est en devenant vapeur qu'elle se purifie. Plus tard, elle retombera sur la terre sous forme de rosée, de pluie, et elle apportera la vie à la végétation et à toutes les créatures.

Pour les humains, il existe aussi deux méthodes de purification. S'ils mènent une vie terne, prosaïque, passionnelle, ils devront se purifier en s'enfonçant dans le sol où ils seront soumis à de fortes pressions ; c'est-à-dire qu'ils passeront par des épreuves, des souffrances. Mais les spiritualistes choisissent consciemment la deuxième méthode : ils savent qu'en s'exposant aux rayons de l'esprit, ils vont s'alléger, s'élever et s'imprégner des particules les plus lumineuses qui les purifieront, les sanctifieront.

29 septembre

Dans l'Ancien Testament, Michaël est l'archange qui, à la tête des armées célestes, remporte toutes les victoires. Et dans le Nouveau Testament, l'*Apocalypse* en particulier, c'est lui qui, à la fin des temps, terrassera le dragon.

Il est dit aussi que, lorsque Moïse mourut, le diable voulut s'emparer de son corps, et c'est l'archange Michaël qui s'opposa à lui pour le lui arracher. De nombreux tableaux et icônes représentent l'archange une balance à la main, pesant après la mort les actes des humains : sur un plateau s'accumulent leurs bonnes actions et sur l'autre les mauvaises. Pendant ce temps le diable est là, prêt à entraîner l'homme dans son royaume infernal, et il est furieux, il grince des dents en voyant Michaël ajouter dans le plateau une dernière bonne action qui fera pencher la balance du côté du bien et du salut.

La fête de la Saint-Michel se situe dans le signe de la Balance, au début de l'automne. L'automne est la saison des récoltes : on ramasse les fruits, on jette ceux qui sont gâtés et on garde ceux qui sont sains. Jésus disait qu'on reconnaît les hommes à leurs fruits. D'une certaine façon, on peut voir dans chaque récolte une forme de jugement.

30 septembre

L'être humain se caractérise par le fait qu'il possède une conscience, mais il n'est pleinement conscient que lorsqu'il s'éveille aux notions de collectivité, d'universalité. Cette faculté lui permet d'entrer dans l'âme et le cœur des autres, au point que lorsqu'il lui arrive de les faire souffrir, il éprouve lui-même les douleurs qu'il leur inflige. Il sent, il comprend que tout ce qu'il fait aux autres, le bien comme le mal, c'est à lui-même qu'il le fait. En apparence, chaque être semble isolé, séparé des autres ; mais en réalité, une part de lui-même est liée à la collectivité et vit dans toutes les créatures, dans tout le cosmos.

Si cette conscience collective est éveillée en vous, vous sentez dans vos relations avec les autres que vos pensées, vos sentiments, vos paroles, vos actes, tout vous revient en écho. Car votre être, en s'étendant aux dimensions de l'univers, est devenu une entité collective. C'est à cet état de conscience qu'on peut donner le nom de sentiment fraternel.

1er octobre

*N*ous sommes liés aux êtres qui sont au-dessus de nous : les anges, les archanges… jusqu'à Dieu Lui-même. Mais nous sommes aussi liés à ceux qui sont au-dessous de nous : les animaux, les plantes, les pierres.

Vous comprendrez mieux en quoi consiste ce lien si vous regardez comment circulent les deux courants ascendant et descendant dans le tronc d'un arbre : le courant ascendant transporte la sève brute jusque dans les feuilles où elle se transforme en sève élaborée, tandis que le courant descendant transporte la sève élaborée qui nourrit l'arbre de substances organiques. Dans l'Arbre cosmique, l'homme se trouve sur le passage de ces deux courants et il doit apprendre à travailler consciemment avec eux. Lorsqu'il est parvenu à attirer la sagesse, la lumière et l'amour du Ciel, il les transmet aux êtres situés au-dessous de lui et liés à lui, jusqu'aux minéraux. Puis, grâce à un autre courant de circulation, à travers lui encore, ces forces remontent depuis le monde minéral jusqu'aux règnes supérieurs de la création. Celui qui se lie consciemment à cette chaîne vivante des êtres est habité par la joie, la lumière et la paix.

2 octobre

Pour subsister dans le plan physique, les humains doivent recevoir de l'extérieur tout ce dont ils ont besoin ; ils ne pourraient pas vivre sans les éléments qui leur sont donnés par l'eau, l'air, le soleil, la terre. Ils sont des créatures, et toutes les créatures sont obligées de recevoir de l'extérieur ce qui leur est nécessaire pour continuer à vivre. Seul le Créateur échappe à cette loi, Il n'a besoin de rien d'extérieur à Lui, puisqu'Il est la vie.

Mais comme le Créateur a laissé une particule de Lui-même dans chaque créature, une étincelle, un esprit qui est de la même nature que Lui, grâce à cet esprit qui l'habite, chaque créature peut, elle aussi, devenir créatrice. Ainsi, au lieu de toujours tout attendre de l'extérieur, l'être humain a le pouvoir d'agir intérieurement par sa pensée, sa volonté, son esprit, et de capter les éléments dont il a besoin pour se nourrir physiquement, mais surtout psychiquement. C'est pourquoi l'enseignement des Initiés a toujours été l'enseignement de l'esprit créateur, et celui qui accepte cet enseignement sera toujours fort, indépendant, car il s'élèvera au-dessus des conditions que lui impose la destinée.

3 octobre

L'eau est le fluide de la terre ; pour les pierres, les plantes, les animaux, les hommes, elle est une des conditions indispensables de la vie. Lorsque les scientifiques affirment qu'il n'y a pas de vie sur d'autres planètes, une des premières raisons qu'ils donnent est l'absence d'eau.

Est-ce que les humains apprécient vraiment l'eau ? Oui, instinctivement, inconsciemment. Et surtout quand elle vient à manquer ! Mais c'est dans leur conscience que l'eau doit prendre maintenant de la valeur, afin de devenir un facteur puissant pour leur vie psychique. Beaucoup d'exercices, de méthodes que je vous donne ont pour but de vous faire découvrir l'eau intérieurement, en vous montrant comment, grâce à l'eau physique, vous pouvez vous lier à l'eau véritable. Et cette eau véritable, il faut la chercher en vous, il faut découvrir les sources d'eaux vives qui coulent dans les profondeurs de votre être. C'est long, c'est difficile, bien sûr, mais persévérez, car l'eau est la mère de la vie. Méditez longuement sur cette idée et, en regardant l'eau, en la touchant, dites-lui : « Ô toi qui nourris toutes les créatures, révèle-moi les secrets de la vie éternelle. »

4 octobre

Se donner une poignée de main, s'embrasser ou toute autre manifestation d'affection quand on se rencontre, nécessite qu'on y prête une attention spéciale. Sinon, c'est inutile, et pas seulement inutile, mais nuisible. Car cette forme d'inconscience dans les relations humaines a sur le psychisme des uns et des autres des effets négatifs.

Les signes extérieurs d'amitié, de tendresse, si on n'y met pas sa pensée, son âme, cela enlève quelque chose à celui qui les donne comme à celui qui les reçoit. Ce quelque chose est bien sûr impondérable, mais l'essentiel pour notre joie, pour notre épanouissement est toujours impondérable. C'est pourquoi un bon regard, une seconde de silence, un sourire où l'âme s'exprime, peut apporter bien davantage que toute manifestation plus concrète ou même des cadeaux.

5 octobre

*N*ous recevons chaque jour des messages du monde divin. Mais si le matin, en vous réveillant, vous vous sentez mal disposé, et si, malgré le programme de la journée qui vous attend, tout vous semble brouillé, c'est que vous n'avez pas reçu le courrier qui vous était destiné. Pourquoi ?... Demandez-vous si vous n'êtes pas allé vous égarer dans des lieux un peu louches où la poste céleste ne peut pas venir vous trouver.

Les postiers célestes font bien leur travail, mais ce qu'ils sont chargés de vous apporter, ils le présentent seulement dans des lieux lumineux et purs. Si, par paresse, par négligence, vous partez vous aventurer dans les couches inférieures de la conscience où vos organes spirituels se sont engourdis, vous ne recevez rien. Efforcez-vous de remonter vers la lumière pour prendre le courrier qui s'est accumulé pendant votre absence. Car, sachez-le, rien ne se perd. Les présents, les messages qui vous sont destinés vous attendent, mais c'est à vous d'aller les chercher là où ils ont été déposés.

6 octobre

Tout le monde vous dira que les qualités sont préférables aux défauts et les vertus préférables aux vices. Mais la vérité, c'est que les qualités et les vertus n'ont pas en soi de valeur absolue. Beaucoup de gens possèdent de bonnes qualités, mais que font-ils avec ? Rien, ou pas grand-chose. Tandis que d'autres ont de graves défauts, mais ils en sont conscients, ils veulent s'améliorer, et alors, en travaillant chaque jour sur eux-mêmes, ils finissent par accomplir de grandes choses et font beaucoup de bien. S'ils n'avaient pas ces défauts, ils ne feraient peut-être rien. Il est facile de le constater : à force de travailler sur leurs défauts, certaines personnes arrivent à réaliser des exploits ; tandis que d'autres, satisfaits de leurs qualités, se laissent vivre.

Alors, croyez-moi, nos qualités, nos défauts, le Ciel en donne deux centimes. La seule chose qui compte pour lui, c'est ce que nous cherchons à réaliser avec ce que nous sommes, le travail que nous faisons sur nous-mêmes pour mettre nos défauts comme nos qualités au service d'une grande cause.

7 octobre

Que signifie être serviteur de Dieu ? Cette expression ne sera pas correctement comprise tant que les humains considéreront Dieu comme une entité extérieure à eux. Celui qui doit servir sait qu'il renonce à sa liberté et il est normal que la pensée de se mettre à la disposition d'une puissance qui se trouve on ne sait où, …et qui peut-être n'existe même pas !… soit tout à fait inacceptable pour certains. En réalité, celui qui se met au service de Dieu ne sert pas un être extérieur à lui ; c'est pourquoi il est impossible qu'il perde sa liberté, au contraire il la conquiert. C'est cela le fondement de la religion.

L'idée de servir Dieu a donc du sens seulement si l'être humain prend conscience que la Divinité qu'il doit servir habite son âme. Plus il se consacre à elle, plus il s'approche d'elle et entre en communication avec elle. Grâce à son travail, il parvient à dissoudre les scories accumulées en lui par ses pensées, ses sentiments, ses désirs inférieurs. Ainsi, il découvre peu à peu la quintessence de son être qui est la quintessence de Dieu Lui-même.

8 octobre

Celui qui est porté par un grand idéal ne se décourage jamais. La seule présence en lui de cet idéal qui le guide et le nourrit, lui donne la force et l'espoir. Il sait, il sent qu'il marche sur le bon chemin et que rien jamais n'entravera sa progression. Même si, sur ce chemin, il lui arrive de trébucher, ce qui est inévitable, il ne se laisse jamais entamer par le doute. Il ne suffit pas, en effet, de décider de marcher sur le bon chemin pour pouvoir s'y maintenir sans broncher ; mais faire une chute n'est jamais une raison pour s'arrêter de marcher.

À la moindre erreur, à la moindre chute, certains s'effondrent. Ils se répètent : « Je ne réussirai jamais, je suis stupide, incapable, faible, méprisable. J'abandonne. » Ce sont là les réactions d'une fierté mal placée, d'un orgueil blessé. Même si vous commettez des erreurs, même si vous tombez, ne vous arrêtez pas. Relevez-vous, et malgré les faiblesses, les chutes, les échecs et les fautes, continuez à marcher.

9 octobre

*L*a méditation peut être comparée à la mastication des aliments. Quand nous mettons des aliments dans notre bouche et que nous les mâchons, les glandes salivaires se mettent au travail et nous absorbons par la langue les énergies les plus subtiles. La méditation est aussi une sorte de mastication, une mastication des pensées, par laquelle nous absorbons les quintessences du monde spirituel pour en faire la nourriture de nos corps spirituels.

Méditez donc sur la sagesse, cette lumière qui vous protège, vous conduit et vous ouvre la voie du monde divin. Méditez sur l'amour comme source de joie, de richesse et de beauté pour tous. Méditez sur la vérité qui vous mène vers la liberté…

10 octobre

Il y a dans l'être humain quelque chose qui le pousse à se dépasser. En effet, qu'est-ce qui oblige les alpinistes à entreprendre l'ascension de sommets de plus en plus élevés et de plus en plus difficiles d'accès ? Qu'est-ce qui oblige les nageurs, les coureurs, à nager et à courir de plus en plus vite ? Qu'est-ce qui oblige les joueurs d'échecs à réfléchir des heures entières avant d'avancer un pion sur l'échiquier ? Rien, c'est eux-mêmes qui s'imposent de réaliser ces exploits ou de résoudre ces problèmes. Et quelle joie pour eux chaque fois qu'ils remportent une victoire !

Combien d'activités, de jeux et de compétitions de toutes sortes les humains ont ainsi inventés ! Cela montre bien qu'ils éprouvent au plus profond d'eux-mêmes le besoin de repousser toujours plus loin leurs limites. Mais alors, ces qualités d'endurance, d'adresse ou d'intelligence dont ils sont capables de faire preuve quand il s'agit de jeux ou de compétitions, pourquoi ne pensent-ils pas à les appliquer dans leur vie quotidienne ? Pourquoi, là, se plaignent-ils toujours d'avoir des efforts à faire ?

11 octobre

*D*ieu est une source jaillissante, et dans l'être humain qu'Il a créé à son image existe aussi, profondément enfouie, une source qui attend les conditions pour jaillir et couler. Si par la pensée, par la prière, il arrive à se lier à la Source céleste, il fera aussi jaillir l'eau de sa source, et toutes ses cellules seront arrosées, vivifiées par cette eau divine.

Si nous apprenons à faire couler en nous cette source qui est la vie, qui est l'amour, qui est la lumière, nous deviendrons un instrument entre les mains du Ciel. Et un jour nous serons capables de remplir le programme donné par le Maître Peter Deunov dans cette formule si belle et si profonde :

« Ayez le cœur pur comme le cristal,
l'intellect lumineux comme le soleil,
l'âme vaste comme l'univers,
l'esprit puissant comme Dieu et uni à Dieu ».

12 octobre

C'est tous les jours que nous devons lutter contre nos propres ténèbres, nos propres pesanteurs. Oui, lutter tous les jours. Vous direz : « Mais jusqu'à quand ça va durer ? » Tant que l'être humain descendra s'incarner sur la terre, il devra prendre un corps, et un corps est par nature pesant, grossier, il ne peut échapper aux lois de la matière. Quand il coupera définitivement ses attaches avec la terre, à la fin de son évolution, il échappera à cet écrasement, à cette obscurité. Mais aussi longtemps qu'il sera sur la terre, il ne faut pas se faire d'illusions, quelque chose en lui restera toujours soumis à la matière.

Vous direz : « Mais alors, si la matière a tellement d'emprise sur nous, que faire ? » Être d'abord conscient des limitations qu'elle nous impose, mais en même temps lutter pour les dépasser, et par la prière, la méditation, nous accrocher de toutes nos forces à notre Père céleste qui nous a créés, L'aimer, croire en Lui, espérer en Lui. C'est le seul moyen de nous libérer progressivement de cette emprise.

13 octobre

« Tu aimeras ton prochain comme toi-même » a dit Jésus. Et que signifie aimer son prochain ? Tout d'abord respecter la vie que Dieu a donnée à tout être humain. Voilà une règle que les chrétiens doivent méditer, car après deux mille ans de christianisme la plupart révèlent, par leur comportement, qu'ils ne l'ont pas encore comprise et encore moins appliquée. Rejeter un être humain, le mépriser, l'humilier, c'est déclarer qu'il n'est pas une créature de Dieu ; or, personne n'a le droit de déclarer une chose pareille, personne n'a le droit de se mettre entre un être humain et son Père céleste.

Si quelqu'un applique sa volonté à se retrancher lui-même de l'amour divin, évidemment, il est libre ; mais personne ne peut le retrancher, personne n'a le droit de le retrancher. Tous sont accueillis dans la maison du Père. Même les enfants égarés sont accueillis quand ils désirent sincèrement revenir, et leur Père céleste fête leur retour. N'avez-vous pas lu dans les *Évangiles* la parabole du fils prodigue ?

14 octobre

Combien de fois il vous arrive d'éprouver des sensations qui n'ont aucun rapport avec la réalité objective du moment ! À n'importe quelle heure de la journée, et au milieu des pires difficultés, vous pouvez vivre intérieurement l'apparition de l'aube, parce que votre conscience passe dans une région où, effectivement, le soleil est en train de se lever, et vous recevez ses rayons. Mais l'inverse peut aussi se produire, bien sûr.

Plus vous saurez observer, mieux vous comprendrez les différents phénomènes de votre vie psychique qui ont leur correspondance avec ceux de la nature : les aurores et les crépuscules, le ciel serein et les orages, la chaleur et le froid, la sécheresse et les brouillards... Il est tellement important d'apprendre aussi cette météorologie-là ! Même si vous n'en êtes pas conscient, vous vivez intérieurement dans un monde fait de substances et de matériaux impondérables, impalpables, mais bien réels. Le jour où vous découvrirez la réalité de ce monde invisible, vous vous sentirez dans une dimension nouvelle.

15 octobre

Si vous cherchez un guide spirituel, sachez au moins ce que vous devez attendre de lui. Un Maître spirituel fera tout ce qu'il peut pour vous ouvrir la voie que vous avez intérêt à suivre, mais le goût de marcher dans cette voie, c'est vous qui devez l'avoir. Vous faire aimer la vie spirituelle, un Maître ne le peut pas, cela ne dépend pas de lui, mais de vous. Bien sûr, d'une certaine façon il peut vous influencer, comme peut vous influencer un ami qui a du goût pour la musique ou la poésie. Car l'influence est une loi de la nature : les humains, les animaux, les fleurs, ou même les pierres, les objets nous influencent en nous communiquant, et souvent à notre insu, des éléments de ce qu'ils possèdent.

Il est donc possible qu'une parcelle de l'amour de votre Maître pour la splendeur du monde divin se communique à vous. Mais si vous n'êtes pas prêt à accepter son influence, rien ne peut vous forcer. Aimer la vie spirituelle ne dépend que de vous.

16 octobre

On peut comparer les êtres humains à des graines lancées dans le monde par le Créateur : chaque graine porte inscrite en elle l'image de la perfection divine. C'est ce que signifie le verset de la *Genèse* où il est dit que Dieu créa l'homme à son image. Et quelle est la prédestination d'une graine ? Germer, croître jusqu'à devenir un arbre.

Nous sommes tous des graines, des graines produites par le Créateur. C'est donc que nous sommes des divinités en puissance et qu'en nous efforçant d'améliorer sans cesse nos manifestations, un jour nous deviendrons des divinités. Il est déjà magnifique d'être une graine, mais c'est encore mieux de devenir un arbre avec des racines, un tronc, des branches, des feuilles, des fleurs et des fruits. Gardez donc bien en vous cette image de l'arbre ; si vous travaillez à vous rapprocher de la perfection divine – cette perfection dont l'empreinte, comme dans la graine, est déjà gravée quelque part en vous – vous deviendrez, un jour, un arbre de vie.

17 octobre

À des degrés différents, bien sûr, tout ce qui existe est vivant, et la vie se caractérise par l'émission de radiations toujours nouvelles. Même le métal d'un collier, d'une bague ou d'une montre que vous portez, vibre chaque matin différemment de la veille. Si vous étiez vraiment sensible, vous sentiriez une légère modification dans le mouvement des particules infinitésimales qui composent la matière. Pourquoi ? Parce que ces objets sont en relation avec les courants sans cesse renouvelés du cosmos. Vous ne le sentez pas, alors vous croyez qu'il n'y a aucune différence, mais en réalité, rien nulle part ne reste absolument identique, tout change.

Et le soleil, quand il se lève le matin, lui aussi est nouveau. Car il y a toute une vie dans le soleil : des courants, des projections, des éruptions… Et s'il se produit des changements dans le soleil, comment ces changements n'auraient-ils pas des répercussions dans tout le système solaire, et par conséquent aussi sur toutes les formes d'existence sur la terre ?

18 octobre

*L*a faculté que vous avez de vous réjouir de tout ce qui arrive de bon aux autres, voilà un critère de votre évolution. Car généralement, on doit le reconnaître, il est difficile de se réjouir des succès et du bonheur des autres, et à plus forte raison s'ils réussissent là où on a soi-même échoué. En revanche, quand on les voit dans le malheur, là, les bons sentiments s'éveillent, la pitié, la compassion, le besoin de les consoler, de les aider. Eh oui, devant les accidents, les maladies graves, quand les autres ne peuvent plus leur porter ombrage, les humains deviennent naturellement plus compréhensifs et bienveillants, sans même avoir le moindre effort à faire.

Ce sont donc vos réactions devant le succès et le bonheur des autres que vous devez étudier. Le jour où vous saurez sincèrement vous en réjouir, cela prouvera que vous avez réussi à vous détacher des plans astral et mental – les sentiments et les pensées égocentriques – pour vous élever jusqu'aux plans causal et bouddhique* où règnent la sagesse et l'amour, seuls capables de vous donner de vraies joies.

* Voir note et schéma, p. 394 et 395.

19 octobre

*T*ous les éléments dont notre corps est formé, tout ce qui nous permet de subsister, l'eau, la nourriture, l'air que nous respirons, la lumière et la chaleur du soleil, les matériaux dont nous faisons nos vêtements, nos maisons, nos outils : nous devons tout à la nature. Certaines personnes peuvent être très fières, et à juste titre, de leur créativité, de leur ingéniosité, mais d'où ont-elles tiré les matériaux à partir desquels elles fabriquent leurs instruments, leurs appareils et même leurs œuvres d'art ? De la nature.

La nature nous donne tout, mais au fur et à mesure, ce que nous prenons s'inscrit en détail quelque part. Ce sont donc des dettes que nous contractons auprès d'elle, et nous devons nous en acquitter. Comment ? Avec une monnaie qui s'appelle le respect, la reconnaissance, l'amour, la volonté d'étudier tout ce qui est écrit dans son grand livre. Payer signifie donner quelque chose en échange, et tout ce que notre cœur, notre intelligence, notre âme et notre esprit sont capables de produire de bon peut être un paiement. Dans le plan physique nous sommes limités, et d'ailleurs la nature ne nous demandera pas de lui rendre la nourriture, l'eau, l'air ou les rayons du soleil qu'elle nous a donnés. Mais dans le plan spirituel nos possibilités sont infinies, et là nous pouvons même rendre au centuple tout ce que nous avons reçu.

20 octobre

*N*ous pouvons accepter une épreuve, nous pouvons la comprendre, mais en même temps éprouver de l'amertume, de la tristesse, du regret : nous pensons que ç'aurait été tellement mieux de ne pas avoir eu à la subir ! Dans ce sens on peut dire qu'elle n'est pas encore terminée.

Quand peut-on dire qu'une épreuve est terminée ? Quand nous sommes capables de nous en réjouir. Il est possible qu'en apparence non seulement elle ne nous ait rien apporté, mais qu'elle nous ait fait perdre beaucoup de choses, et même des êtres qui nous sont chers… Pourtant, longtemps après cette épreuve, nous sentons que notre lumière, notre amour, notre force ont augmenté, et la paix et la joie nous envahissent. C'est à ce moment-là seulement que nous pouvons dire que cette épreuve est terminée : nous l'avons surmontée.

21 octobre

*O*n a souvent comparé la vie à l'eau qui coule. Mais quelle différence entre l'eau qui jaillit de la source, au sommet de la montagne, et celle qui arrive à l'embouchure du fleuve après avoir reçu toutes sortes de saletés et même de produits toxiques ! Pure ou polluée, l'eau reste toujours de l'eau, de même que la vie reste toujours la vie, mais rien n'est plus vivifiant que l'eau pure, alors que l'eau polluée apporte la mort.

Comme l'eau qui jaillit de la source, la vie qui jaillit du sein de Dieu descend pour abreuver toutes les créatures et, d'après les régions qu'elle traverse, elle se charge de différents éléments. Toutes les créatures ne reçoivent donc pas la même vie du fleuve ; cela dépend du lieu où elles se trouvent, plus près de la source ou de l'embouchure. Cette vie qui vient de Dieu ne s'arrête jamais de couler. Mais les humains sont-ils conscients du caractère sacré de la vie ? Non, ils salissent la vie de Dieu, l'eau de Dieu. Vous êtes étonné, vous vous demandez comment cela est possible. C'est très simple : chaque fois qu'ils manquent de sagesse, d'amour, de désintéressement, c'est comme s'ils jetaient des ordures dans la rivière du Seigneur. Et la rivière ne proteste pas, elle accepte tout pour aider les humains et elle continue à couler. Elle attend qu'ils prennent conscience de leurs responsabilités dans la préservation de la vie.

22 octobre

*L*es cellules de notre corps sont de petites âmes intelligentes. C'est tout un peuple que nous avons là, en nous, un peuple avec lequel nous pouvons entrer en relation et que nous avons la tâche d'éduquer. Mais en êtes-vous conscient ? Non, ou très rarement. C'est pourquoi vos cellules ne vous obéissent pas. Vous souhaiteriez améliorer l'état de votre foie, de votre estomac, de votre cœur, de votre cerveau, etc., mais vous ne pouvez pas, les cellules de tous ces organes ne vous obéissent pas, vous ne pouvez pas vous imposer à elles, elles fonctionnent d'après leur volonté propre.

La Science initiatique, qui a étudié l'anatomie psychique de l'être humain et les règles qui président à son fonctionnement, nous enseigne que nous pouvons commander aux cellules de nos organes. Mais pour cela il faut accepter l'idée que ce sont des entités intelligentes, conscientes, et apprendre à entrer en communication avec elles en leur envoyant par la pensée des rayons de lumière et d'amour.

23 octobre

*L*es vêtements sont des écrans qui nous isolent et nous protègent du monde extérieur. Sans vêtements on est plus exposé et on devient donc plus sensible. Si on transpose ce fait dans le domaine de la vie intérieure, on peut dire que la sensibilité est une manifestation de la spiritualité. Celui qui fait l'effort de s'arracher aux préoccupations ordinaires, de triompher de ses instincts grossiers, arrive peu à peu à disperser les couches obscures qui l'enveloppent comme des étoffes grossières et il devient plus réceptif au monde divin.

Dans les Livres sacrés, vous lirez des récits où celui qui a passé victorieusement les épreuves de l'Initiation reçoit un vêtement en récompense. Ce vêtement peut être blanc ou coloré, mais il est toujours présenté comme un tissu précieux d'une extrême finesse, une matière d'une beauté presque irréelle. Ce vêtement symbolise l'aura, qui est notre véritable vêtement, le vêtement de notre âme. Pour le mériter, nous devons nous débarrasser de tout ce qui nous rend pesant et nous obscurcit, afin d'entrer en relation avec le monde divin. Notre aura, ce vêtement de lumière, est le signe que nous y sommes parvenu.

24 octobre

L'intellect est un bon instrument de travail pour l'étude et l'exploration de la matière, mais il n'est pas toujours le meilleur guide. Pourquoi ? Parce que non seulement il n'a qu'une perception partielle de la réalité, mais surtout, au fond de tout ce qu'il décide d'entreprendre, il y a un mobile caché, un intérêt, un calcul égoïste qui finit toujours par produire des troubles. Que se passe-t-il avec un homme qui se laisse conduire par son intellect ? À peine a-t-il fait un sacrifice, un geste généreux qu'il le regrette ; il trouve qu'il a été bien bête d'écouter les conseils de son cœur ou de son âme.

Comment la fraternité se réalisera entre les hommes, comment la terre ne formera plus qu'une seule famille, comment le monde entier vivra dans la paix et dans l'harmonie, cela non plus l'intellect n'est pas capable de le concevoir. Il ne peut pas s'élever assez haut pour découvrir les vrais remèdes, les vraies solutions. Ce qu'il imagine, ce qu'il propose à partir de sa vision incomplète et égocentrique des choses est toujours partial, défectueux et ne résout rien de façon définitive. Il existe des solutions pour tous les problèmes qui se posent aux humains, mais pour les trouver il faut aussi faire appel au cœur, à l'âme et à l'esprit.

25 octobre

Parmi les souffrances que les humains ont à endurer, beaucoup leur viennent évidemment de l'extérieur. Et pourtant, dans ces souffrances qu'on leur inflige et dont ils ne sont pas directement responsables, ils ont tout de même une part de responsabilité : ils n'ont pas appris à s'immuniser. S'ils sont tellement vulnérables, c'est que les éléments négatifs venus du monde extérieur rencontrent un écho en eux. Il se peut même qu'à cause des impuretés, des obscurités qu'ils entretiennent dans leur intellect et dans leur cœur, ce mal soit encore augmenté.

Celui qui cherche à entretenir en lui la pureté et la lumière, non seulement arrive à neutraliser le mal qu'il reçoit, mais le bien qu'il lui arrive de recevoir aussi est amplifié. Et s'il ne ressent pas intensément les bénédictions qui lui viennent chaque jour des mondes visibles et invisibles, c'est que toutes sortes de matières opaques en lui leur font obstacle. Vous voyez, tout dépend de nous : repousser le mal, mais aussi attirer le bien, le conserver, et même l'amplifier.

26 octobre

*C*ertaines personnes se plaignent de ce que la pratique spirituelle ne leur apporte pas grand-chose. Mais dans quel état seraient-elles si elles n'avaient jamais fait d'efforts pour discipliner leur vie intérieure ? Au moins les quelques règles qu'elles essaient d'appliquer, les exercices qu'elles font les mettent sur la voie de la santé, de la paix, de l'espérance. Qu'elles abandonnent ces pratiques et elles verront si ce sera mieux !....

Depuis votre naissance vous respirez, vous mangez, vous dormez et vous pouvez dire que cela ne vous a rendu ni plus intelligent, ni plus riche, ni plus puissant. Mais ne respirez plus, ne mangez plus, ne dormez plus, et on verra où vous serez : au cimetière ! On mange, on boit, et on ne voit aucun changement. Mais si on n'avait ni mangé, ni bu, là oui, il y aurait eu de grands changements ! Alors, ne dites pas que la spiritualité ne vous apporte rien. Elle vous soutient, elle vous garde sur le bon chemin, et au moins vous êtes encore en vie, au moins vous avez encore l'espoir, la lumière. Si avec toute cette lumière vous ne vous sentez pas éclairé, qu'est-ce que ce serait sans elle ?

27 octobre

Quand la décision de suivre une certaine voie est gravée au plus profond de votre être, cela devient comme un instinct qui vous empêche de dévier et qui vous indique aussi comment éviter ou surmonter les obstacles. S'il vous arrive d'oublier trop souvent les bonnes résolutions que vous avez prises, c'est parce qu'elles ne sont pas encore suffisamment imprimées dans votre subconscient, jusqu'au cœur même de vos cellules.

Le rôle d'un Maître spirituel est justement de ranimer dans l'âme de ses disciples le souvenir des expériences du passé et des décisions prises. Sinon, lorsqu'ils devront à nouveau franchir les limites de l'au-delà, ils auront une fois de plus à constater la médiocrité, l'inutilité, le vide de l'existence qu'ils ont menée… Et ils seront condamnés à errer dans les régions arides et obscures de l'autre monde. Jésus disait : *« Amassez des trésors dans le Ciel. »* Cette recommandation est la synthèse de toute une science de la vie.

28 octobre

*E*n découvrant notre Enseignement certaines personnes se rendent compte qu'elles ont passé une grande partie de leur vie dans des activités qui ne leur ont apporté que l'insatisfaction et le vide. Et elles me confient leur tristesse : maintenant qu'elles ont un certain âge, elles pensent que même si elles essaient de prendre une autre orientation, c'est trop tard, jamais elles ne rattraperont le temps perdu. Évidemment, quand la vieillesse approche, c'est un peu tard. Mais il n'est pas trop tard, il n'est jamais trop tard. Le pire serait de passer dans des regrets le temps qu'il leur reste à vivre. Il y a toujours un moyen de redresser intérieurement la situation.

Pour ceux qui ont la sensation d'avoir gaspillé leur vie, c'est l'occasion de faire un retour sur eux-mêmes, sur tous les événements de leur existence, pour en tirer une leçon. Une fois la leçon tirée, qu'ils mettent en œuvre tout ce qui leur reste d'amour, d'intelligence, de volonté. Il leur est toujours possible de donner à leur vie ce sens qu'ils n'avaient pas auparavant pensé à rechercher.

29 octobre

*L*a musique est le langage de la création. Depuis l'origine, ce langage retentit à travers le cosmos : c'est par lui que Dieu manifeste sa sagesse, son amour et sa beauté. Comprise d'un point de vue initiatique, la musique suppose la connaissance de l'ordre du monde, des êtres et des choses, la science des rapports harmoniques entre le microcosme (l'être humain) et le macrocosme (l'univers). Elle repose sur des principes immuables qu'on ne peut transgresser sans risquer de se perdre.

La musique nous parle de notre héritage céleste et, en agissant sur nos corps subtils, elle nous permet de rétablir le contact avec notre patrie d'en haut.

30 octobre

*N*otre vie quotidienne est faite de nombreuses activités que nous jugeons prosaïques ; pourtant, il est toujours possible de leur donner une dimension spirituelle. Vous allez prendre un bain : pourquoi vous contenter d'un bain physique qui vous débarrassera seulement de quelques saletés ? Il faut que ce soit aussi un bain qui vous lave dans tous les domaines, un bain qui vous purifie. Alors, avant d'entrer dans l'eau, adressez-vous à ses habitants, dites-leur : « Ô vous, créatures qui vivez dans cette eau, je suis heureux de prendre contact avec vous aujourd'hui. Je sais que Dieu vous a donné le pouvoir de me purifier. C'est pourquoi je m'adresse à vous, afin que vous fassiez un travail sur moi. » Et vous touchez l'eau, vous la bénissez, vous invoquez la puissance de Dieu sur l'eau, la lumière, la sainteté de Dieu.

En parlant ainsi à l'eau comme à un élément très précieux qui abrite des créatures d'une très grande pureté, vous entrez déjà en contact avec elle sur les autres plans. Vous vous dégagez de toutes les impuretés psychiques que vous avez accumulées, et après ce bain vous êtes prêt à vous remettre au travail avec des forces nouvelles.

31 octobre

*M*ême si on vous apporte tous les trésors du monde, pour les goûter vraiment il faut savoir les utiliser, sinon vous resterez intérieurement aussi pauvre que si vous n'aviez rien. Imaginez qu'on mette devant vous une table couverte des plats les plus délicieux : même là, vous devez au moins faire l'effort de tendre la main pour porter cette nourriture à votre bouche, puis de la mastiquer. Quoi que l'on vous donne, c'est toujours à vous de faire des efforts, physiques, affectifs, intellectuels, pour vous l'approprier vraiment.

Combien d'entre vous souhaiteraient trouver une méthode qui donnerait des résultats spectaculaires en très peu de temps ! Mais voilà que dans la vie spirituelle, au contraire, on n'a besoin que de méthodes très simples et de beaucoup de temps. Evidemment vous êtes déçu… Je le regrette, mais c'est ainsi. Pour acquérir la lumière, la paix, l'amour, la force, faites quelques gestes, quelques respirations profondes, prononcez une formule ou une prière, et peu à peu vous sentirez que vous entrez dans les rythmes de l'harmonie cosmique. À ce moment-là la nature vous dira : « Je reconnais ces paroles, ces gestes : ils vibrent en harmonie avec ce qui existe de plus beau et de plus harmonieux en moi. Voici, je te donne mes bénédictions. »

1er novembre

Il vous est parfois arrivé d'éprouver sans raison particulière une joie soudaine, une sensation de légèreté, de dilatation. C'est tout simplement que des entités lumineuses sont venues vous visiter. Vous ne le saviez pas… Mais puisque vous le savez, quand cela se reproduira, tâchez de bien accueillir ces entités, et remerciez-les en leur montrant que vous appréciez ce qu'elles font pour vous. Si vous êtes négligent ou ingrat, elles ne reviendront plus et vous aurez beau faire des efforts pour retrouver ces états de grâce, vous n'y parviendrez pas, car ils ne dépendent pas de vous.

Vous possédez aussi des dons, des talents, des vertus : ce sont des amis du monde invisible qui sont venus habiter chez vous pour vous aider à travailler. Prenez-en conscience, sinon, le jour où vous commencerez à être tellement fier de vos succès, comme si le mérite en revenait à vous seul, d'une façon ou d'une autre ces amis s'éloigneront et vous perdrez ce talent ou cette vertu. Combien de gens ont perdu leurs talents à cause de leur orgueil et de leur suffisance ! Et d'autres, au contraire, grâce à leur humilité, ont attiré des qualités ou les ont amplifiées.

2 *novembre*

Il est toujours intéressant de connaître les pratiques funéraires des temps passés, ainsi que ce qu'il en reste actuellement, et de comprendre leur signification. Mais pour aider un mort dans l'au-delà, ces pratiques ne sont pas essentielles. Qu'on l'ensevelisse avec des objets, qu'on fasse des cérémonies, qu'on dise des prières pour lui, c'est certainement une aide, un soutien, un réconfort pour son âme, mais le pouvoir de ces rites est limité.

Ce qui aide véritablement un être humain qui quitte la terre pour l'autre monde, c'est la vie qu'il a menée, lui, quand il était sur la terre, ce sont les vertus qu'il a pratiquées. Donc, si vous avez vécu en harmonie avec l'Esprit cosmique, si vous avez respecté les lois qui régissent la nature vivante, ne vous inquiétez pas de ce que l'on fera de votre corps après la mort. Quoi qu'il arrive à ce corps, une lumière vous accompagnera parmi les ombres de l'au-delà.

3 novembre

Pourquoi est-il important de bien réfléchir avant d'agir ? Parce qu'agir, c'est déclencher des forces, et une fois les forces déclenchées, elles ne s'arrêtent pas en chemin, elles vont jusqu'au bout. Vous êtes dans la montagne et vous avez là, au-dessus de vous, un énorme rocher prêt à dégringoler la pente : il dépend de vous de le laisser tranquille ou de précipiter sa chute. Si vous le poussez, impossible ensuite de l'arrêter : il vous écrasera et beaucoup d'autres avec vous. Et si vous ouvrez les portes d'une écluse, essayez ensuite d'arrêter l'eau !

Vous êtes toujours maître d'agir ou de ne pas agir, mais dès le moment où vous décidez d'agir, les forces libérées vous échappent. Quand des agitateurs déclenchent une émeute, ils en perdent très vite le contrôle. C'est pourquoi on dit : « Qui sème le vent, récolte la tempête », et cette tempête peut emporter celui-là même qui l'a suscitée. Avant de dire un mot, de jeter un regard, d'écrire une lettre, de donner le signal d'une guerre, on a tous les pouvoirs ; mais ensuite c'est fini, on n'est plus que le spectateur des puissances que l'on a mises en mouvement, et souvent même la victime.

4 novembre

Qui parmi vous n'a pas dans son entourage, ou même dans sa famille, quelques personnes qu'il a de la peine à supporter ? Mais au lieu de se plaindre et de récriminer, vous devez considérer ces personnes insupportables comme autant de bonnes occasions de faire des efforts et d'apprendre à aimer. Oui, c'est un apprentissage.

Un jour, quand vous quitterez la terre et que vous vous présenterez devant les entités célestes, elles vous demanderont des comptes : « Pourquoi n'as-tu pas eu plus d'amour pour tes semblables ? » Et ne croyez pas vous justifier en disant qu'ils étaient désagréables, antipathiques… car elles vous diront : « Non, ce n'est pas une raison. Le Ciel t'avait donné de grandes richesses, tu avais reçu des bras, des jambes, des oreilles, une bouche, des yeux, et surtout un cerveau, mais au lieu de t'en servir pour te rendre utile aux autres, tu t'es contenté de les critiquer, de les mépriser. – Mais ils étaient tellement misérables ! – Eh bien, justement, c'était une raison supplémentaire pour agir envers eux avec plus de générosité. » Rien ne pourra vous justifier.

5 novembre

P*our comprendre l'économie, il faut écouter les leçons de la nature. Vous direz : « Mais la nature ne nous donne aucune leçon d'économie ! Toute cette végétation, tous ces animaux, tous ces humains qui ne cessent de naître et de mourir depuis des milliards d'années, quel gaspillage ! À quoi ont servi toutes ces vies ? » À rien, bien sûr, dans le sens où vous entendez le mot « servir ». Mais toutes ces vies ont été utiles dans l'économie cosmique. La nature n'a jamais été embarrassée par les milliards et les milliards de cadavres d'êtres humains, d'animaux et de plantes : ils retournent à la terre et donnent naissance à d'autres êtres vivants.

Tandis que regardez les difficultés que rencontrent les sociétés modernes pour se débarrasser de leurs déchets ! Elles fabriquent de plus en plus de matières qui, lorsqu'elles ont été utilisées, ne se décomposent pas naturellement et polluent la terre, l'air, l'eau, etc. Vous direz : « Mais les matières plastiques, les piles électriques, l'essence, l'énergie nucléaire, etc., c'est le progrès. » Bien sûr, je ne dis pas le contraire. Mais en même temps qu'on réalisait ces progrès, il fallait réfléchir à tous les inconvénients qu'ils allaient aussi entraîner, et chercher tous les moyens de les neutraliser.

6 novembre

La vie quotidienne, c'est vrai, ne manque pas de présenter à chacun de vous des occasions d'inquiétude, de tristesse, de découragement. Mais il faut réagir. Au lieu de rester là à ne rien faire, sauf vous gaver de médicaments et importuner les autres par vos plaintes en oubliant qu'ils ont à affronter les mêmes difficultés que vous, faites l'effort de travailler avec la pensée et l'imagination. Représentez-vous entouré de lumière, imaginez que vous envoyez votre amour au monde entier, que vous surmontez tous les obstacles. Peu à peu, les images que vous formez ainsi deviendront vivantes, elles agiront sur votre conscience, elles vous transformeront et, en même temps, elles attireront de l'univers les éléments appropriés pour les introduire en vous.

Au début, les effets de cet exercice ne se feront pas sentir très longtemps et vous devrez recommencer souvent. Mais un jour, le résultat sera là définitivement, vous ne pourrez pas en douter : vous sentirez au-dessus de vous une entité vivante qui vous protège, vous instruit, vous purifie, vous éclaire et qui, dans les situations difficiles, vous apporte le soutien dont vous avez besoin.

7 novembre

*P*endant les repas, vos préoccupations n'ont souvent aucun rapport avec l'acte de manger, n'est-ce pas ?… Désormais, tâchez d'avoir un regard pour ce que vous venez de mettre dans votre assiette, et dites au moins : « Merci, Seigneur, de pouvoir Te goûter à travers ces aliments qui sont porteurs de vie ».

Une pensée de reconnaissance, un sentiment d'amour agissent très favorablement sur le fonctionnement des glandes salivaires. Ces glandes, une fois activées, sécrètent des éléments chimiques qui extraient les énergies subtiles contenues dans la nourriture. Ce n'est pas l'estomac, mais la langue et la bouche qui, grâce à nos pensées et à nos sentiments, captent la quintessence des aliments, et elles l'envoient au cerveau ainsi que dans tout le système nerveux. Ainsi, avant même que les aliments passent dans l'estomac, puis dans les intestins, l'organisme en a déjà absorbé les éléments éthériques, ceux qui donnent la vitalité, et on se sent régénéré.

8 novembre

À quoi cela sert-il de toujours souligner les défauts des gens ? Est-ce qu'on les voit pour autant s'améliorer ? Non. Alors, tâchez plutôt de vous concentrer sur le Principe divin, immortel, éternel, qui vit aussi en eux, et d'avoir pour ce Principe divin des sentiments sacrés ; c'est ainsi que vous aiderez les humains, et vous ferez en même temps un bon travail sur vous-même. Tandis que si vous êtes sans cesse occupé de leurs défauts, vous vous faites du mal, car vous vous nourrissez de saletés, et souvent, au lieu de les aider, vous les empêchez même d'évoluer.

Combien de personnes se sentent seules sans comprendre pourquoi ! Elles ne voient pas qu'en critiquant les autres, en soulignant leurs faiblesses et leurs lacunes, elles ne font que creuser le fossé qui les sépare. Mais quand, par leur âme et leur esprit, elles sauront entrer en relation avec toutes les âmes et tous les esprits sur la terre, quand ce qu'il y a de meilleur en elles rencontrera ce qu'il y a de meilleur chez les autres, elles ne se sentiront plus jamais seules.

9 novembre

Combien de gens croient qu'en changeant d'appartement, de métier, de pays, de religion, de mari ou de femme, ils auront enfin la paix ! Une petite tranquillité, un répit, oui, peut-être. Mais tout de suite après, là où ils seront, d'autres tourments viendront les assaillir. Pourquoi ? Parce qu'ils n'ont pas compris que la paix dépend avant tout d'un changement dans leur façon de penser, de sentir et d'agir. Qu'ils fassent là quelques changements et alors, même s'ils restent dans le même endroit, dans les mêmes difficultés, la paix viendra les habiter.

La vraie paix ne dépend pas des conditions extérieures, elle vient du dedans, et c'est pourquoi elle est si difficile à obtenir. Travaillez sur l'idée d'aimer, de faire le bien, de pardonner et d'apporter partout l'harmonie, le moment viendra où cette idée sera si puissante en vous et imprégnera si profondément toutes vos cellules, qu'elles commenceront à vibrer à l'unisson avec elle. Celui qui possède cette paix et qui est capable de la répandre autour de lui comme quelque chose de réel, de vivant, devient un vrai fils de Dieu. Comme l'a dit Jésus : *« Heureux ceux qui apportent la paix, car ils seront appelés fils de Dieu. »*

10 novembre

Combien de croyants se posent, sur la volonté de Dieu, des questions vraiment naïves ! Ils s'imaginent qu'Il a une volonté particulière les concernant : le lieu où ils doivent habiter, la profession qu'ils doivent exercer… Est-ce qu'Il veut qu'ils se marient, qu'ils aient des enfants ou qu'ils restent célibataires pour se consacrer à Lui ?… Est-ce qu'Il leur demande de soutenir ou au contraire de combattre telle cause, telle personne ?… En réalité la volonté de Dieu n'est pas, pour chacun, relative à une question particulière. Dieu veut seulement que l'homme étudie pour comprendre ses lois qui sont les lois de la vie, et qu'il s'efforce ensuite de les mettre en pratique.

Bien sûr, chacun est personnellement concerné par la volonté de Dieu ; mais il ne connaîtra ce que Dieu attend de lui qu'après avoir étudié la volonté divine dans son principe. Seul celui qui commence par se mettre en accord avec la volonté de Dieu en tant que principe de sagesse et d'amour pourra connaître vraiment ce qu'Il attend de lui.

11 novembre

*L*a transformation du mouvement en chaleur et en lumière, et inversement la transformation de la lumière en chaleur, sont des lois particulièrement connues et appliquées en physique. Il n'y a que les spiritualistes paresseux qui ne les connaissent pas. Ils se contentent de méditer, d'étudier, de réfléchir sans se préoccuper de transformer cette lumière en chaleur (sentiments) puis en mouvement (actes). Si vous demandez à certains de faire un travail physique, ils sont scandalisés. Comment peut-on leur demander quelque chose d'aussi indigne d'eux ? Eh bien, c'est là qu'ils se trompent !

Le travail physique est indispensable pour l'évolution de chacun. Même si rien ni personne ne vous y oblige, vous devez vous y obliger vous-même, sinon cela se reflétera de façon négative sur votre santé physique et même psychique. Si vous saviez seulement l'utilité de l'activité physique, même pour l'éclaircissement de la conscience et l'avancement spirituel, vous feriez votre possible pour avoir toujours quelque chose à nettoyer, à laver, à planter, à coudre ou à bricoler.

12 novembre

Remplissez d'eau une coupe ou un verre… Même en si petite quantité, cette eau représente toutes les eaux de la terre, car symboliquement, magiquement, une seule goutte suffit pour nous lier à tous les fleuves, à tous les lacs, à tous les océans. Concentrez-vous sur l'eau de cette coupe pleine, saluez-la pour qu'elle devienne encore plus vivante, vibrante, dites-lui combien vous l'admirez, combien vous la trouvez belle, demandez-lui de vous donner sa clarté, sa transparence. Ensuite, après vous être bien lavé les mains, vous pouvez toucher cette eau, y plonger vos doigts avec la pensée que vous entrez en contact avec son corps éthérique, que vous absorbez ses vibrations, que vous vous en imprégnez. Si vous faites cet exercice avec un sentiment sacré, vous sentirez votre corps vibrer en harmonie avec toute la nature, vous serez allégé, purifié, et même votre cerveau fonctionnera mieux.

Et puisque l'eau est parmi les quatre éléments celui qui se mêle le plus intimement à notre organisme, vous pouvez aussi la boire en pensant que vous établissez ainsi des communications avec les forces vives de l'univers. Mais buvez-la lentement, avec la conscience que vous recevez ce fluide cosmique qui abreuve et nourrit toutes les créatures.

13 novembre

*P*our affaiblir un groupe de personnes et s'imposer à elles, il suffit de les diviser. Les effets pernicieux de la division sont bien connus dans les domaines politique, social, professionnel, familial. Mais, dans le domaine intérieur on ne les a pas encore suffisamment étudiés. Un homme qui doute introduit la division en lui-même ; c'est comme s'il voulait prendre en même temps deux directions opposées : il ne peut que chanceler.

Vous direz qu'il n'est pas toujours facile d'acquérir les certitudes qui permettent de prendre fermement une orientation intérieure. Je sais, mais pour échapper au doute destructeur, il y a une méthode, et cette méthode consiste à entrer profondément en soi-même en se disant : « Pour le moment, je suis ignorant, je n'ai pas l'intuition et la lucidité nécessaires pour voir clairement la situation, mais cela ne doit ni me troubler, ni me paralyser. Je mets ma foi dans le bien, dans la lumière, et je continuerai à agir avec honnêteté, désintéressement et courage. » Si vous savez vous maintenir dans cet état d'esprit, vous finirez par triompher de tous les doutes.

14 novembre

Vous êtes prêt à courir partout pour chercher de l'aide et des remèdes à vos malaises intérieurs, mais la lumière qui est là, cette lumière qui imprègne tout l'univers et dans laquelle nous sommes plongés, vous n'avez jamais recours à elle, pourquoi ?... Lorsque vous vous sentez fatigué, découragé, déçu, pensez à chercher du secours auprès de la lumière, concentrez-vous sur elle et imaginez que vous la faites circuler en vous. Non seulement elle purifiera votre organisme psychique, mais aussi dans une certaine mesure votre organisme physique : et vous vous sentirez apaisé, régénéré, capable de reprendre vos activités, car elle vous aura donné le goût des choses.

Une des méthodes les plus efficaces pour recueillir cette lumière est de remercier le Seigneur et de bénir son Nom. Plusieurs fois par jour, faites une pause et répétez : « Merci, merci Seigneur, merci pour la vie, merci pour la lumière. Que ton Nom soit béni pour l'éternité. »

15 novembre

*T*ous les mois on voit la lune croître et décroître dans le ciel. La période de la lune croissante est favorable au commencement d'une entreprise parce que, d'après la loi de l'analogie qui régit l'univers, c'est le moment où le processus de croissance est favorisé dans toute la nature. Le projet peut être fait à n'importe quelle période, mais une fois la décision prise, la réalisation doit commencer en lune croissante. Tandis que pour mettre un terme à une entreprise, mieux vaut choisir le moment de la lune décroissante.

Vous voulez renforcer votre santé, ou bien une qualité, une vertu en vous ? Aux premiers jours de la lune croissante, lorsque la nuit est tombée, regardez la lune, levez la main droite et dites : « Comme la lune croît dans le ciel, que tout mon être se remplisse de vigueur, d'amour, de lumière, afin que je devienne un véritable serviteur de Dieu. » Vous prononcez la formule trois fois. Quant à la période de la lune décroissante, vous pouvez l'utiliser pour travailler sur certains défauts dont vous voulez vous corriger : vous prononcez alors la formule contraire, que vous répétez aussi trois fois en levant la main.

16 novembre

*V*ous détestez quelqu'un ? Eh bien, sachez que vous êtes en train de contracter un lien avec lui, un lien qui vous attache à lui aussi fortement que si vous l'aimiez, car la haine est aussi puissante que l'amour. Si vous voulez vous sentir intérieurement débarrassé d'un ennemi, ne le détestez pas, tâchez d'être au moins indifférent. Tant que vous détestez une personne, c'est comme si des chaînes vous attachaient à elle ; vous ne la quittez plus. Vous dites : « Je ne supporte plus cette personne, j'ai coupé les ponts avec elle. » Physiquement, peut-être, oui, vous ne la rencontrez plus ; mais dans le plan astral, c'est différent, on ne s'éloigne pas de quelqu'un en le détestant.

Retenez bien cela : la haine crée des liens aussi forts que l'amour. Ces liens sont évidemment différents : l'amour vous apporte certaines choses, la haine vous en apporte d'autres, mais tout aussi sûrement et puissamment que l'amour.

17 novembre

*O*n ne parle partout que de changements. On répète qu'il faut des changements et on en apporte en effet. Mais quels sont ces changements ? En réalité, toujours les mêmes luttes acharnées pour le pouvoir, l'argent, les honneurs… les uns chassant les autres pour s'installer à leur place. Il n'y aura de véritables changements qu'à partir du jour où les humains travailleront à devenir plus honnêtes, plus nobles, plus maîtres d'eux-mêmes… des modèles pour les autres. Mais y en a-t-il beaucoup qui cherchent autre chose que le pouvoir ou les moyens d'assouvir leurs désirs et leurs convoitises ?

Vous direz : « Oui, mais si on suit vos conseils, si on doit seulement travailler à s'améliorer, à devenir un modèle, la situation dans le monde est telle qu'on restera quelque part, inconnu, obscur, au plus bas de l'échelle, et rien ne changera. » Qu'en savez-vous pour tirer des conclusions pareilles ? Le jour où vous serez devenu une source, un soleil, même si vous ne le voulez pas, même si vous refusez, les autres viendront vous prendre de force et vous placeront au sommet pour les diriger. Si cela ne vous est pas encore arrivé, c'est que vous n'avez pas suffisamment travaillé, vous n'êtes pas prêt.

18 novembre

*V*ous ne savez pas comment distinguer la superstition de la foi ? Eh bien, voici des définitions : être superstitieux, c'est penser qu'on pourra moissonner là où on n'a pas semé ; la vraie foi, au contraire, c'est de savoir qu'après avoir semé on récoltera, dans cette vie ou dans une autre, ou encore à travers ses enfants. C'est donc très simple. Si, à l'époque favorable, vous semez de bonnes graines dans un sol fertile, elles germent et croissent. Il arrivera peut-être que quelques-unes se perdent, mais la majorité pousseront et donneront des fruits.

Tant de gens qui n'ont jamais travaillé dans le domaine intellectuel, affectif ou physique, espèrent moissonner ! Et quand ils constatent leur échec, ils crient à l'injustice des humains ou de la destinée. Mais à qui la faute ? Ceux qui sèment et plantent ne sont jamais déçus. Quand on a la foi véritable, on n'est jamais déçu. Ceux qui sont déçus attendaient des récoltes impossibles ; d'une certaine façon ils étaient superstitieux.

19 novembre

Quelqu'un a fait ou dit quelque chose qui vous irrite, et vous voilà en train de raconter partout que vous êtes furieux, et pourquoi. On essaie de vous calmer en vous disant que ce n'est pas si grave, que vous feriez mieux de laisser tomber ça et de penser à autre chose. Mais non, vous continuez à vous agiter, à crier contre « cet idiot, cet abruti qui va voir ce qu'il va voir ». Et pendant ce temps, l'idiot, l'abruti est tranquillement chez lui, bien à l'abri de vos cris et de votre agitation. Alors qui est-ce qui souffre de votre colère ? D'abord votre entourage, vos parents, vos amis, qui n'ont pas mérité d'avoir leur existence ainsi troublée.

Mais celui qui souffre le plus, en réalité, c'est vous. Oui, car avant d'atteindre les autres, c'est toujours vous d'abord qui êtes traversé par les courants de votre vie psychique. Celui qui décide de vivre dans l'harmonie est le premier à profiter de cette harmonie, et celui qui se laisse aller à la colère, au désir de vengeance, se détruit d'abord lui-même. Il finira peut-être par détruire aussi les autres, mais c'est à lui qu'il fait le plus de mal. Et s'il n'y prend pas garde, ce désordre qu'il a installé en lui le suivra jusque dans sa prochaine incarnation.

20 novembre

Combien de personnes portent sur elles un talisman (médaille, croix, symbole) avec la conviction qu'elles seront soutenues, protégées par lui ! Eh non, il ne suffit pas de posséder un talisman, si puissant soit-il, pour s'assurer l'aide et la protection des entités du monde invisible.

Vous ne pouvez compter sur la puissance d'un talisman qu'à condition de travailler psychiquement et physiquement en harmonie avec ce qu'il représente, avec ce qu'il contient comme puissances et vertus. Il est comme une créature qui a besoin d'être alimentée par une nourriture qui lui correspond, et cette nourriture ce sont vos émanations. S'il est imprégné de pureté, vous devez vivre une vie pure ; s'il est imprégné de lumière, vous devez entretenir la lumière en vous ; s'il est imprégné de force, vous devez travailler à vaincre vos faiblesses, etc. Ni les croix, ni les médailles, ni les symboles, même s'ils ont été bénis, ne vous protégeront tant que vous ne les porterez pas aussi intérieurement sous forme de qualités et de vertus divines.

21 novembre

De la glace à la vapeur, les différentes formes que peut prendre l'eau dans la nature nous donnent une idée des différents états, du plus dense au plus subtil, par lesquels passe la matière, la matière psychique comme la matière physique. Sur l'eau (la matière), le feu (l'esprit) a tous les pouvoirs. Et comme l'eau, le feu peut être compris aussi dans les différents plans : physique, psychique et spirituel. C'est pourquoi dans l'Initiation le travail du disciple est souvent présenté, symboliquement, comme l'action du feu sur l'eau. Chauffée par le feu de l'esprit, la matière est une eau qui devient de plus en plus pure et subtile.

Alors, quelles applications pouvons-nous tirer de ces connaissances sur l'eau et le feu pour notre vie intérieure ? Elles sont nombreuses, mais en voici au moins une : puisque le feu a tout pouvoir sur l'eau, il est possible de réduire les tumeurs psychiques formées par l'accumulation de nos états négatifs en faisant passer la matière en nous, l'eau, à l'état de vapeur par le moyen du feu, l'esprit. Un jour nous nous sentirons enfin dégagés, libres.

22 *novembre*

*N*ombreuses sont dans la vie les occasions où vous pouvez vous sentir méprisé, malmené, rejeté. Bien sûr, c'est douloureux, mais pourquoi vous arrêter là et vous lamenter pendant des heures entières ? Cessez de vous chagriner et commencez un peu à réfléchir. Dites : « Certains m'ont malmené, mais beaucoup d'autres m'aiment et m'apprécient… J'ai une famille, des amis… » Et en admettant même que vous n'ayez ni famille ni amis, dites-vous que le Seigneur vous aime, que les anges vous aiment. Ainsi, en pensant aux entités célestes, au Seigneur qui a créé tant de choses belles et bonnes dont vous bénéficiez à chaque moment de l'existence, vous finirez par oublier le mal qu'on vous a fait. Jusqu'au jour où vous ne le sentirez même plus.

Chaque parole, chaque attitude blessante des autres à votre égard doit être une occasion de vous exercer. Vous ne pouvez pas les empêcher de dire ou de faire des choses désagréables, mais vous pouvez faire en sorte que cela ne vous atteigne pas.

23 novembre

Pour beaucoup de gens, l'idée de servir les autres n'est jamais au premier abord bien attirante, elle est même humiliante, et cela parce qu'ils ne savent pas ce qu'est le vrai service. Sinon, pourquoi dans les *Évangiles*, Jésus aurait-il dit : *« Le plus grand parmi vous sera votre serviteur »* ? Celui qui est grand ne se sent jamais diminué en se mettant au service des autres, parce que sa grandeur est celle de son esprit. Il sait qu'aucune tâche ne lui fera perdre sa noblesse, sa vraie grandeur.

Jésus a été grand parce qu'il a su se faire infiniment petit. Lui qui disait : *« Je suis la vérité »* n'a jamais demandé qu'on s'incline devant lui pour le servir ; au contraire, c'est lui qui s'est fait l'humble serviteur de tous. Pourquoi ? Parce que la vérité est chargée d'une énergie incommensurable. Il faut donc l'envelopper avec précaution pour que les autres puissent l'accueillir et l'assimiler sans que cela produise de dégâts. La puissance que donne la vérité doit aussi se manifester à travers l'humilité, l'amour, la douceur.

24 novembre

*C*elui qui ne sait pas maîtriser sa colère ignore que c'est là une force qui vient de beaucoup plus loin et qui cherche à s'introduire en lui. Il croit même, au moins pour un moment, que ce courant puissant lui communique quelque chose de sa puissance. Mais c'est une illusion, car ce qui est puissant, c'est le courant et non celui qu'il traverse. Voilà pourquoi après son passage, le pauvre malheureux se retrouve si faible que tout tremble en lui : les mâchoires, les jambes, les mains.

Le disciple d'une École initiatique a compris que c'est en maîtrisant les courants d'énergies qui font irruption en lui et en cherchant à les transformer qu'il acquiert la véritable puissance. Et il en est de même avec l'énergie sexuelle : on se renforce considérablement en la dominant. Voilà pourquoi les Initiés, qui ont appris à maîtriser l'instinct d'agressivité ainsi que l'instinct sexuel, possèdent tellement d'énergies pour penser, pour parler, afin d'éclairer et d'aider les êtres.

25 novembre

Combien de croyants attendent la venue d'un Messie qui rétablira sur la terre l'ordre divin ! Ils attendent, ils attendent, et comme ils se contentent de l'attendre, ils le laissent passer sans rien voir ni sentir. La vérité, c'est que non seulement le Messie est déjà venu, mais que tous les jours il vient, et il viendra. Si les humains ne le reçoivent pas, c'est qu'ils l'attendent comme on attend un voyageur qui descend d'un train sur un quai de gare.

Les chrétiens attendent le retour du Christ… Mais le Christ est là, il manifeste chaque jour sa présence comme lumière, comme courants d'énergies pures que nous devons être prêts à recevoir. S'ils ne sentent pas cette présence, c'est qu'ils ne sont pas encore semés dans le sol spirituel. Mais une fois semés, ils seront comme des graines qui se développent sous l'effet de la lumière, de la chaleur, de l'eau, de la rosée. Eux aussi commenceront à croître et à se couvrir de feuilles, de fleurs et de fruits. C'est cela la venue du Messie, ou le retour du Christ.

26 novembre

*L*es difficultés et les obstacles placés sur notre route ont pour but de nous renforcer, pas de nous détruire. Mais c'est à nous de nous concilier cette puissance qu'est la vie en apprenant à travailler avec elle. Pourquoi ce qui est pénible, douloureux pour certains n'est ni pénible ni douloureux pour d'autres ? Exactement comme à l'école où, tandis que certains élèves terminent facilement un exercice en quelques minutes et reçoivent une excellente note, d'autres peinent et reçoivent une note lamentable. Tous les jours la vie nous présente des problèmes à résoudre et nous devons nous y efforcer en cherchant les solutions en nous-mêmes. Ceux qui se contentent de contourner les problèmes ou de les fuir, la vie les rattrapera plus loin et ils auront de plus en plus de peine à affronter les difficultés car ils n'auront pas appris au fur et à mesure la leçon du jour… Comme à l'école, où l'élève insouciant et paresseux n'arrive pas à rattraper son retard.

Apprenez à voir dans chaque épreuve des exercices à faire, des problèmes à résoudre : la force, la foi, l'amour que vous sentirez augmenter en vous au fur et à mesure que vous y parviendrez, seront les diplômes que la vie elle-même vous décernera.

27 *novembre*

Il ne suffit pas de vouloir corriger ses défauts, il faut savoir comment s'y prendre. Si vous vous obstinez à lutter contre de mauvais penchants dont vous n'arrivez pas à vous débarrasser, vous souffrirez et vous finirez par vous décourager. Alors, au lieu de vous arrêter sur les faiblesses, les lacunes qui résultent de mauvaises habitudes prises dans le passé, il vaut mieux vous arrêter sur ce que vous avez à faire de positif pour l'avenir et dire : « Maintenant, je vais tout réparer, tout reconstruire ». Chaque jour, avec une foi inébranlable, une conviction absolue, prenez tous les outils que Dieu vous a donnés : la pensée, le sentiment, l'imagination… et projetez en vous-même les plus belles images. Vous pouvez vous voir dans la musique, vous voir dans la lumière, vous voir dans le soleil, dans la perfection des formes, avec des qualités, des vertus, la bonté, la générosité, la possibilité de soutenir les autres, de les aider, de les éclairer.

Combien de fois je vous l'ai dit : tout s'enregistre. Et puisque tout s'enregistre, habituez-vous à enregistrer ce qui existe de meilleur. Si vous commencez ce travail, non seulement vous sentirez que vos défauts se laissent peu à peu neutraliser, mais ils deviendront pour vous une source inépuisable d'inspiration.

28 novembre

*L*es destinées d'un pays ne sont pas entre les mains des hommes politiques, quel que soit leur pouvoir. Pendant quelque temps, ils peuvent avoir cette illusion et la donner aux autres, mais elle ne dure pas. Tous ceux qui se sont imaginé que le sort des peuples était entre leurs mains et qu'ils pouvaient disposer d'eux à leur fantaisie, ont mal fini. Car ce ne sont pas les humains, aussi puissants soient-ils, qui dirigent le destin de l'humanité, mais des entités supérieures qui observent et qui interviennent.

Il existe dans l'univers des intelligences, des forces dont les desseins souvent nous échappent. C'est pourquoi, même des sociétés secrètes très puissantes qui croyaient qu'elles allaient dominer le monde, n'y sont pas parvenues, et la plupart ont été anéanties. Tandis que ceux qui se mettaient au service du Seigneur, qui voulaient exécuter ses projets, même s'ils ont été souvent piétinés et massacrés, leur idéal, lui, n'a jamais disparu. Et cet idéal est en marche, car les projets de Dieu, c'est toujours la libération de l'homme, son épanouissement, son salut.

29 novembre

L'amour est une énergie. C'est pourquoi, dès que vous éprouvez de l'attirance pour un être, demandez-vous dans quelle direction vous projetez cette énergie et ce qu'elle produira comme constructions et réalisations, ou comme troubles et destructions. Est-ce que ce ne sont pas des éruptions volcaniques qui vont retomber sur la tête de certains et ensevelir des villes entières ?... Si vous voulez seulement éprouver du plaisir, certaines entités inférieures captent les énergies que vous projetez ainsi pour s'en nourrir à vos dépens ; puis, s'étant renforcées, elles s'en vont faire des ravages.

Même si ces images vous paraissent très exagérées, prenez ce que je vous dis là au sérieux. On ne doit pas faire n'importe quel usage de l'énergie sexuelle, car c'est une énergie divine, formidablement vivante et agissante. Elle descend du Ciel, et elle doit retourner au Ciel. Ceux qui parviennent à en prendre conscience demandent aux entités spirituelles de les aider à diriger cette énergie en eux et de l'utiliser pour le bien de toute l'humanité.

30 novembre

*L*e travail spirituel consiste à donner à notre esprit du pouvoir sur notre matière, et dès l'instant où nous décidons d'entreprendre un tel travail nous sommes obligés de faire la distinction entre ces deux pôles de notre être que sont l'esprit et la matière. Nous commençons par prendre une certaine distance vis-à-vis de nous-même et, de plus en plus, nous voyons la différence qui existe entre celui qui fait le travail, l'esprit, et celle qui en est l'objet, la matière. Peu à peu nous réalisons que non seulement les pensées, les sentiments grâce auxquels nous exécutons ce travail ne sont que des instruments à notre service, mais nous prenons aussi conscience que notre moi véritable vit bien au-delà de nos actes, de nos sentiments et de nos pensées.

Cependant, prendre de la distance vis-à-vis de soi-même ne signifie pas qu'on doive se quitter. Ce moi dont nous nous éloignons, nous ne l'abandonnons pas, au contraire : nous le gardons bien en vue, et après nous être élevé jusqu'au monde divin grâce à cet instrument qu'est la pensée, nous redescendons pour mieux l'orienter et affiner sa matière. De nouveau nous nous éloignons, de nouveau nous nous rapprochons, et chaque fois nous lui rapportons plus de force et de lumière.

1er décembre

Vous portez tous la vérité en vous-même, car elle est un monde enfoui dans les profondeurs de votre conscience ; mais vous en ignorez l'existence jusqu'au moment où, un mot prononcé, une phrase lue, une rencontre, fait jaillir l'étincelle. C'est pourquoi il est si important pour vous d'approcher des êtres qui pourront produire en vous de telles étincelles. Quelques minutes auparavant vous étiez ignorant, et quelques minutes après vous découvrez qu'en réalité vous saviez. Combien d'entre vous ont déjà fait cette expérience ! Cela prouve qu'au moment où vous l'entendez ou la lisez, une vérité peut ranimer en vous des réminiscences d'un lointain passé.

La vérité qui vous est donnée de l'extérieur et la vérité qui s'éveille en vous appartiennent au même monde : ce sont deux âmes sœurs de la même région et de la même essence ; elles se fusionnent, se confondent car elles possèdent les mêmes vibrations. C'est pourquoi vous dites : « Oh ! mais je le savais déjà ! »

2 décembre

Que vous soyez seul dans la nature ou dans votre chambre, en réalité vous n'êtes jamais seul : des entités participent à votre vie. Celui qui travaille pour le bien rencontre partout des entités lumineuses qui se réjouissent avec lui et l'aident dans les difficultés en lui faisant entrevoir des portes de sortie, des solutions à ses problèmes. La plupart du temps, cela se passe à son insu. Mais s'il s'efforce de prendre conscience de ces présences bienveillantes, il en bénéficiera beaucoup mieux.

Comment attirer à vous ces entités ? Par votre amour. Le plus souvent possible, pensez à leur envoyer un sourire, un regard, un rayon de votre cœur, en leur disant : « Ô vous qui peuplez l'immensité, je vous aime, je veux vous comprendre, je veux être en harmonie avec vous. » Personne peut-être autour de vous ne s'apercevra que vous avez envoyé un message dans l'espace, mais ces entités, elles, s'en apercevront, elles recevront votre amour, elles s'en réjouiront et vous le renverront au centuple. C'est cela les vrais échanges, la vraie communion.

3 décembre

Combien de gens sont habités par des pensées et des sentiments qui les paralysent, et même s'ils veulent faire des efforts pour montrer un visage ouvert, accueillant, ils n'y arrivent pas. Tout reste figé, impossible de faire bouger les muscles de leur visage, d'animer leurs traits, et s'ils essayent de sourire, on ne voit qu'une grimace. C'est la preuve qu'ils ont passé leur vie à stagner dans les régions inférieures de la volonté, du cœur et de l'intellect, sans qu'un élément de l'âme et de l'esprit soit venu les visiter.

Il est dit dans les Évangiles : *« Si vous ne devenez pas comme des enfants, vous n'entrerez pas dans le royaume des cieux. »* Pourquoi ? Parce que les enfants ont un visage ouvert : ils rient, sourient, ils sont vivants. Alors, attention à votre visage ! Si vous arrivez à la porte du Paradis avec une figure fermée, on vous dira : « Non, non, vous ne pouvez pas entrer avec cette mine-là. On n'accepte ici que des visages ouverts, des visages d'enfants. » Qu'est-ce que vous croyez ? Il y a des gardiens qui se tiennent aux portes du Ciel, et quand vous vous présenterez, ils regarderont l'expression de votre visage. Si vous avez les traits crispés, une mine renfrognée, ils vous diront : « Non, faites demi-tour, on ne veut pas de vous ici ! Vous reviendrez quand vous aurez un autre visage. » Vous ne le croyez pas ? Eh bien, vous le vérifierez un jour.

4 décembre

*V*ous pouvez vous servir de l'eau pour votre travail spirituel. Par exemple : après vous être bien lavé les mains, prenez un verre d'eau pure, de préférence de l'eau de source, tenez le verre dans la main gauche et plongez-y un ou deux doigts de la main droite en vous concentrant sur une qualité que vous aimeriez acquérir, un progrès que vous voudriez réaliser, ou même simplement pour améliorer votre santé.

De bons guérisseurs ont pu améliorer l'état de certains malades en leur faisant boire de l'eau qu'ils avaient magnétisée. Pourtant, n'allez pas vous imaginer que, par ce moyen, vous allez tout de suite retrouver la santé ou guérir des personnes de votre entourage, ce serait vraiment très présomptueux. Je ne vous donne cette méthode que comme un exercice, afin que vous appreniez à voir dans l'eau un support pour un travail de la pensée. Buvez ensuite cette eau, si vous voulez, ou bien donnez-la à boire à vos plantes.

5 décembre

Il est arrivé que, dans un moment de découragement, des artistes détruisent certaines de leurs œuvres. Il est normal de ne jamais être totalement satisfait de ses créations, mais pourquoi aller jusqu'à les détruire ? Non seulement ces artistes se sont fait du mal à eux-mêmes, mais ils ont aussi privé l'humanité de grands trésors. La raison de leur geste, c'est qu'ils étaient restés trop centrés sur eux-mêmes, sur leurs difficultés, leurs angoisses, leurs tourments. Ils n'avaient pas su sortir des limites de leur moi pour se mettre en contact avec tout ce qu'il y a de bon et de beau chez les humains et dans la création. Seule cette attitude aurait pu les protéger en les empêchant de tourner leur insatisfaction contre leur œuvre.

Comme ces artistes, les spiritualistes peuvent passer par des périodes de découragement, car ils marchent sur un chemin très difficile, et ils peuvent être tentés de renier leur engagement. Mais qu'ils s'émerveillent devant les œuvres de Dieu, qu'ils s'émerveillent des serviteurs de Dieu, et cet émerveillement les mettra à l'abri de la tristesse et du désespoir que peuvent leur inspirer leurs propres imperfections.

6 décembre

Chaque jour nous mangeons. Mais ne soyez pas choqué si je vous dis que nous servons aussi de nourriture à d'autres entités. Les entités lumineuses prennent nos bonnes pensées, nos bons sentiments, tout ce qui en nous est inspiré par la sagesse et l'amour, pour s'en nourrir. Elles nous considèrent comme des arbres qui produisent des fleurs et des fruits. Quand elles viennent les cueillir, elles ne cassent pas nos branches, mais elles nous arrosent, nous soignent, afin que nous donnions des fruits encore plus succulents. Mais il existe aussi des entités ténébreuses, les démons. Eux aussi ont besoin de se nourrir, et ils vont se servir chez les humains dont les mauvais desseins, les mauvais sentiments sont pour eux des mets succulents : ils leur prennent alors toutes leurs énergies et les laissent épuisés.

Rien n'est pire que d'être dévoré par les esprits ténébreux, et rien n'est plus salutaire que de servir de nourriture aux entités célestes. C'est pourquoi les Initiés nous disent que nous devons chaque jour nous offrir au Seigneur pour qu'Il se nourrisse de nous. Par cette image ils nous révèlent que l'idéal spirituel de l'homme est d'être absorbé par le Seigneur, afin d'avoir en Lui sa demeure.

7 décembre

À force de voir et d'entendre tellement de choses, la plupart des gens finissent par être saturés, blasés. Ils ont l'impression qu'ils n'ont plus rien à apprendre : ils laissent glisser leur attention sans jamais s'arrêter nulle part, et rien ne s'imprime plus sur eux. Ils se disent : « Ça je le sais… Ça je l'ai vu… et ça aussi, ça aussi… » Alors, ils regardent sans voir, ils écoutent sans entendre. Eh oui, l'habitude… Mais il n'y a rien de plus pernicieux que de se laisser gouverner par l'habitude : le cerveau se ramollit.

En réalité, la seule habitude à prendre est celle de ne s'habituer à rien, et de toujours poser un regard neuf, une attention nouvelle sur les idées, les êtres, les objets. Observez-les, étudiez-les comme si vous les rencontriez pour la première fois : vous découvrirez alors les liens qui existent entre eux, et quelque chose de la vie de l'univers se révélera à vous. De temps à autre, efforcez-vous aussi de respirer et de manger comme si c'était la première fois.

8 décembre

*E*n tant que créatures humaines, nous sommes liés à tout ce qui, comme nous, a été créé dans l'univers. Chacun de nous a des liens invisibles, éthériques, avec toute la création, depuis les pierres jusqu'aux hiérarchies angéliques. Même si nous n'en sommes pas conscients, tout notre être est sans arrêt en liaison avec le cosmos entier, et c'est là le fondement de la magie.

Bien sûr, le mot « magie » évoque immédiatement des formules, des rituels étranges et compliqués. Mais moi je vous dirai que le secret de la magie est dans l'attitude. Si vous trouvez toujours une bonne attitude, vous possédez le verbe magique grâce auquel vous entrez en communication non seulement avec les humains, les animaux, les plantes, les pierres, les objets, mais aussi avec les astres et les entités invisibles. Cette attitude, chacun de vous doit la trouver pour lui-même. Et il la trouvera en apprenant à cultiver le respect envers tout ce qui existe.

9 décembre

L'être humain est placé à la limite des mondes supérieur et inférieur. La religion chrétienne a exprimé cette idée par l'image de l'ange gardien qui se tient à sa droite et du démon qui se tient à sa gauche. L'ange conseille l'homme, l'éclaire, tandis que, de son côté, le démon cherche à l'induire en erreur pour pouvoir faire de lui sa victime. C'est une façon un peu simple de présenter les choses, mais elle correspond à une réalité.

Ces deux mondes supérieur et inférieur à la limite desquels l'être humain se trouve placé, représentent en réalité ses deux natures supérieure et inférieure. D'après son degré d'évolution, il donne la prépondérance à l'une ou à l'autre, et il entre ainsi en contact avec les esprits de la lumière ou ceux des ténèbres. Certains diront qu'ils ne croient pas aux entités du monde invisible. Eh bien, qu'ils croient ou non, cela ne change rien : ils ont deux natures et les deux cherchent à se manifester. C'est donc à eux de savoir sous quelle influence ils veulent se placer.

10 décembre

*A*près avoir été un moment adulé par les foules, quelle déception pour les artistes de se voir oubliés et remplacés par d'autres ! Mais ils auront beau se ronger, se dire que ce n'est pas juste, c'est ainsi : le public est sans pitié, il cherche la nouveauté, et ceux qu'il a un moment applaudis sont vite remplacés par d'autres, et les nouveaux par de plus nouveaux encore... À moins de connaître un secret : être capables de renouveler la vie en eux.

Cette loi ne vaut pas seulement pour les artistes, elle est valable pour tous. Si vous savez rayonner chaque jour une vie nouvelle, une vie qui est amour, lumière, pureté, on ne voudra jamais vous remplacer, même si vous avez trois cents ans ! On ne remplace pas le soleil. On remplace toutes sortes de choses et de gens, mais on n'a encore jamais réussi à remplacer le soleil. Les maris remplacent leurs femmes et les femmes leurs maris en donnant à cela toutes sortes de raisons. Mais la vraie raison, c'est que les uns et les autres ont laissé leur vie stagner. Les êtres qui rayonnent la vie, personne ne cherche à les remplacer, car c'est de vie que chacun a le plus besoin.

11 décembre

Parce qu'on les a déçues, on leur a fait du mal, combien de personnes décident de fermer définitivement leur cœur aux autres ! Eh bien, voilà la plus mauvaise décision ! Quoi que vous ayez à souffrir, ne cessez jamais d'aimer. Car l'amour en vous est une source, et si vous décidez de l'empêcher de couler, c'est d'abord vous qui allez vous dessécher. Bien sûr, personne alors ne pourra plus vous abuser, vous décevoir, mais l'eau de votre source spirituelle ne coulera plus et c'est la vie que vous perdrez. Oui, car lorsque vous laissez votre source se tarir, le monde divin se ferme à vous et vous devenez pauvre et vide.

D'un point de vue éducatif, il est parfois utile de se fermer pour un temps envers quelqu'un, pour lui donner une leçon dont il a besoin, mais il est très nuisible de se fermer envers les humains en général. Que les gens le méritent ou non, laissez couler en vous la source de l'amour. Vous direz que s'ils ne méritent pas qu'on les aime, il est juste de ne pas les aimer. Ne vous préoccupez pas tellement de ce qui est juste ou injuste : pratiquez cette magnifique injustice de l'amour, sinon vous deviendrez un désert !

12 décembre

Combien de personnes, quand elles n'ont plus autant d'énergies pour courir après la gloire, le pouvoir ou les plaisirs, décident qu'il est temps de s'assagir et de penser au Ciel ! Mais qu'est-ce qu'elles s'imaginent ? Quand on n'a plus d'énergies pour la terre, on n'en a pas non plus pour le Ciel. Rester alors tranquille dans son coin, ce n'est pas de la sagesse, et c'est encore moins de la spiritualité.

Tous ceux qui dans leur jeunesse épousent le diable – disons les choses ainsi ! – ne doivent pas se faire d'illusions : c'est le diable qui les répudie dans leur vieillesse parce qu'il n'a plus rien à prendre chez eux. Ces malheureux croient divorcer de leur plein gré, mais pas du tout, c'est le diable qui les chasse : il renvoie vers Dieu tous ces débris dont il ne peut plus rien tirer. Et alors quel spectacle pour le Seigneur ! Et surtout quel renfort pour son travail quand ils viennent se présenter devant Lui !

13 décembre

*V*ous dites que vous avez besoin d'amis qui vous comprennent, que nulle part vous ne trouvez cette compréhension. Demandez-vous d'abord ce que vous voulez que l'on comprenne en vous. Et même si ce sont vos aspirations les plus élevées, pourquoi exiger des autres qu'ils pénètrent dans votre cœur et dans votre âme pour savoir ce qui s'y passe ? Il vous suffit de savoir que vous avez la compréhension et le soutien des anges, des entités lumineuses qui peuplent l'espace, et de Dieu Lui-même qui vous a créé.

Quant au reste, vos sensations, vos désirs, vos humeurs, vos sympathies, vos antipathies, dites-vous bien que ce ne sont là que des questions de tempérament et que chacun a le sien. Il n'est pas raisonnable d'attendre que les autres s'y intéressent et en tiennent compte. D'ailleurs, êtes-vous sûr de bien vous comprendre vous-même ? Non ?... Et vous voudriez que les autres le fassent !

14 décembre

*O*n retrouve parfois les vérités de la Science initiatique sous la forme de règles ou de coutumes instaurées par les humains. Ils n'en connaissent pas l'origine, mais ils les respectent, du moins dans certaines circonstances et pour un certain temps. Le droit d'asile en est un exemple.

Dans l'Antiquité, si un coupable qui était poursuivi parvenait à pénétrer dans le sanctuaire d'une divinité, il était sous sa protection, personne n'avait le droit de se saisir de lui. Cette coutume existait encore au Moyen-Âge. Là, c'étaient les églises qui servaient de refuge, et cela peut se produire encore de nos jours. Cette tradition est fondée sur un savoir concernant la vie spirituelle : celui qui, par la pensée, par la prière, parvient à se réfugier auprès de Dieu malgré les ennemis intérieurs ou extérieurs qui le poursuivent, se trouve à l'abri. Tant qu'il reste là-haut, sur les sommets de l'âme et de l'esprit, ses poursuivants sont tenus à distance.

15 décembre

Ce qui est le plus décourageant avec les humains, c'est qu'ils acceptent de mener une vie limitée. Se sentir faible, malade, malheureux, pour eux c'est normal. Bien sûr, personne ne peut totalement échapper à certaines limitations qu'impose la nature, mais on peut les reculer, on n'est pas obligé d'être toujours prisonnier ou victime. Chacun est non seulement capable de prolonger ses bons états, mais aussi de retarder l'apparition d'états négatifs… à condition évidemment de croire que c'est possible !

Malheureusement, quand on observe les humains, on voit qu'ils se conduisent comme s'ils étaient hypnotisés, comme si on avait tracé une ligne devant eux en leur disant : « Voilà, vous n'irez pas plus loin ! » Et ils le croient, ils croient que cette limitation doit être leur situation normale. C'est qu'ils ne se connaissent pas ; ils n'ont pas conscience de toutes les ressources, de tous les pouvoirs que le Créateur a placés en eux, et ils restent là à patauger. Qu'ils s'efforcent désormais de repousser leurs limites, et ils constateront qu'ils peuvent beaucoup plus qu'ils ne l'imaginent.

16 décembre

*L*a plupart des religions enseignent que nos souffrances nous viennent de Dieu : c'est Dieu qui envoie des épreuves aux justes parce qu'Il les aime, et c'est Dieu aussi qui poursuit les méchants pour les punir de leurs fautes et les obliger à rentrer dans le droit chemin. Qu'en est-il en réalité ?

Il y a des lois immuables qui régissent l'univers créé par Dieu, ainsi que son fonctionnement. Comme l'être humain fait partie de l'univers, s'il transgresse les lois, il se heurte aux puissances cosmiques et il reçoit quelques coups. En un certain sens on peut donc dire que Dieu le punit. Et s'il fait des efforts pour toujours mieux comprendre et respecter les lois, les difficultés qu'il rencontre nécessairement sont aussi pour lui causes de souffrances ; mais ces souffrances que chacun trouve sur le chemin de l'évolution participent à son bon développement. C'est pourquoi on peut dire également que Dieu fait souffrir les justes : Il les fait souffrir parce que c'est son amour qui veut leur croissance, leur épanouissement. Cet amour fait aussi partie des lois cosmiques.

17 décembre

***P**ourquoi dire à quelqu'un que vous l'aimez ? Vous l'aimez, cela suffit. L'amour se sent, se voit, c'est même la chose la plus difficile à cacher : il se manifeste par le regard, les gestes, l'attitude. Il n'est pas nécessaire d'en faire la déclaration. Les humains comptent trop sur l'expression verbale ou écrite de leur amour. Une fois qu'ils en ont parlé, ils croient la question réglée. Pas du tout, ils parlent, ils répètent, et souvent, à partir de ce moment-là leur comportement révèle que leur amour est en train de faiblir.

Il faut conserver l'amour comme une chose très précieuse, la plus précieuse, et l'exprimer le moins possible par des mots. C'est ainsi que peu à peu il crée dans l'âme la plus grande liberté, le plus grand enchantement. Si vous en parlez, il se produit bientôt de part et d'autre des réactions qui créeront des malentendus, et ce sera dommage. Ne parlez pas de votre amour et il vivra éternellement en vous.

18 décembre

*R*ire ne signifie pas nécessairement être insouciant, léger et manquer de sérieux. Le rire peut même agir plus bénéfiquement sur le mental que cette mine grave que beaucoup croient être la caractéristique du sage. Car il y a dans le rire des énergies vivantes qui nourrissent le cerveau.

Rire permet aussi de se redresser, de rebondir. Il se produit dans la vie de chacun des événements qui ne prêtent pas d'abord à rire, c'est vrai, il faut le reconnaître, et il est normal de commencer par être troublé ou chagriné ; mais il est plus facile de ne pas se laisser accabler si on s'est habitué à voir le côté comique de certaines situations. Alors, ne vous privez jamais de ce moyen puissant qu'est le rire pour maintenir votre équilibre intérieur et rendre votre existence plus légère. Ce n'est pas parce qu'on a des raisons d'être contrarié, triste, découragé, qu'on doit accepter de rester dans cet état.

19 décembre

*L*a pierre philosophale, l'élixir de la vie immortelle, la panacée universelle, le miroir magique et la baguette magique sont cinq symboles du travail que le disciple doit réaliser pour être digne de recevoir l'Initiation.

Quand il transforme ses pensées et ses sentiments égoïstes, mesquins, en pensées et sentiments généreux et désintéressés, il prépare la pierre philosophale qui transmute les métaux vils en or.

Quand, par une vie pure, il régénère les cellules de son organisme, il distille l'élixir de la vie immortelle.

Quand il répand autour de lui la lumière et la chaleur, il travaille avec la panacée universelle.

Quand il a appris à se projeter jusqu'aux régions les plus élevées du monde spirituel, il reçoit des messages de l'espace, et les objets et les êtres viennent se refléter dans son âme comme dans un miroir magique.

Enfin, quand il acquiert la pleine maîtrise de lui-même, il entre en possession de la baguette magique qui donne tous les pouvoirs.

20 décembre

*L*a pureté ne consiste pas à s'enfermer dans un bocal, à l'abri de tout contact. Non, cette pureté qui ne pense qu'à se protéger est inutile, elle est même nuisible. La vraie pureté, c'est l'amour divin, parce que l'amour divin, c'est la vie, c'est l'eau qui jaillit de la source, et ce jaillissement repousse tout ce qui est sale, terne, obscur. Une pureté où il n'y a pas d'amour n'est pas vraiment la pureté.

Combien de religieux ont cru et croient encore que la pureté consiste à se garder de l'amour ! Ils sont peut-être blancs comme la neige, mais ils sont aussi froids que la neige, et leur pureté est stérile. Ce n'est pas de l'amour qu'il faut se garder ni du contact avec les autres, mais de l'égoïsme, de la possessivité ; au moment où de pareils sentiments entrent dans un être, il n'est plus pur. La vraie pureté est celle de l'eau cristalline qui jaillit, qui coule et va arroser les champs et les jardins dans l'âme et le cœur de tous les êtres.

21 décembre

Pâques, la Saint-Jean, la Saint-Michel, Noël… la façon dont ces quatre fêtes sont réparties dans l'année doit nous faire réfléchir à l'importance des événements qui, à ces périodes-là, se produisent dans l'univers. À chacune de ces fêtes correspondent un point cardinal, une saison, un archange, une planète.

La fête de Pâques coïncide avec l'arrivée du printemps auquel préside l'Archange Raphaël ; cet Archange est lié à la planète Mercure et règne sur le Sud. La Saint-Jean avec ses feux marque le début de l'été ; c'est la saison de l'Archange Ouriel qui est lié à la Terre et règne sur le nord. La Saint-Michel marque le début de l'automne ; elle est placée sous l'influence de l'Archange Michaël qui est lié au Soleil et règne sur l'est. Enfin, la Noël marque le début de l'hiver ; elle est placée sous l'influence de l'Archange Gabriel, qui est lié à la Lune et règne sur l'ouest.

Pour chacune de ces quatre périodes de l'année, des forces et des entités déterminées se mettent au travail. Et nous aussi, au moins par notre conscience, nous pouvons participer à ce travail.

22 *décembre*

P*our la Science initiatique la prière est une rencontre de notre âme avec l'Esprit cosmique et de notre esprit avec l'Âme universelle. Ce sont ces deux rencontres qui donnent sa force à notre prière. Celui qui s'imagine que prier c'est demander au Seigneur de lui donner tout ce dont il a besoin pour son confort matériel ou moral ne sera certainement pas exaucé ; mais surtout il ne trouvera jamais les véritables dimensions de son être profond.

Le sens de la prière est de provoquer la rencontre d'un principe spirituel en nous avec une entité de même nature dans l'univers, qui lui est complémentaire. L'âme humaine (féminine) cherche l'Esprit divin (masculin), et l'esprit humain (masculin) cherche l'Âme universelle (féminine). Notre âme est fertilisée par l'Esprit cosmique, et notre esprit fertilise l'Âme universelle. C'est cette union qui fait de nous des créateurs dans le monde de la lumière, et c'est cela, véritablement, prier.

23 décembre

On peut sentir la présence de Dieu, mais on ne peut pas dire qui Il est. Même les plus grands Initiés ne pourront pas vous le dire. Et si vous leur posez la question, ils répondront par le silence, car seul le silence peut exprimer l'essence de la Divinité. Essayer de dire tout ce qu'est Dieu ne suffit pas, et dire ce qu'Il n'est pas ne suffit pas non plus. Dire qu'Il est amour, sagesse, puissance, justice… c'est vrai, mais ces mots passent à côté de la réalité divine, ils ne saisissent rien de l'infini, de l'éternité, de la perfection de Dieu. On ne peut donc pas connaître Dieu en parlant ou en écoutant parler de Lui. Le seul moyen de Le connaître, c'est de pénétrer profondément en soi-même afin d'atteindre cette région qui est le silence.

Faire le silence, c'est en quelque sorte faire le vide en soi, et dans ce vide on reçoit la plénitude. Car en réalité dans la nature, le vide n'existe pas : chaque matière que l'on enlève est remplacée au fur et à mesure par une matière plus subtile. Quand vous arrivez à faire silence en vous, c'est-à-dire à maîtriser le bruit et l'agitation des pensées et des sentiments inférieurs, c'est la lumière de l'esprit qui prend possession de vous. Et cette lumière, c'est cela la présence divine.

24 décembre

*P*ourquoi fête-t-on la Nativité, la naissance du Christ, au début de l'hiver ? La réponse se trouve dans le livre de la Nature. Toute vie commence par une semence, une graine enfouie dans l'obscurité de la terre ou les entrailles d'une femme. Et l'hiver est cette saison où, dans les graines mises en terre, il se fait un long travail de germination qui aboutira au printemps à l'éclosion d'une multitude d'existences nouvelles. Un travail identique se fait dans le psychisme de chaque être : dans cette terre noire, sa nature inférieure, la semence du Moi divin, le Christ, commence à germer.

C'est cet événement que les chrétiens célèbrent la nuit de Noël... Oui, justement la nuit, à minuit, au moment de la plus grande obscurité, a lieu une naissance. C'est pourquoi malgré le froid et l'obscurité, Noël est aussi la fête de la lumière.

25 décembre

Chaque année, le 25 décembre, la chrétienté fête la naissance de Jésus, et dans toutes les églises on a préparé une crèche. L'enfant est là, couché sur de la paille, Marie et Joseph veillent sur lui, et aussi un âne et un bœuf. Jamais on n'oublierait l'âne et le bœuf ! Mais ces deux animaux sont des symboles qu'il faut interpréter ; ils correspondent à des processus qui se déroulent dans l'être humain lui-même. L'étable, c'est le corps physique, et le bœuf la force sexuelle. Quant à l'âne, il représente celui que la tradition appelle le vieil Adam, égocentrique, têtu, buté, mais bon serviteur, c'est-à-dire la nature inférieure, la personnalité.

L'être humain qui décide de travailler à faire naître le Christ en lui commence par entrer en conflit avec les forces de sa nature inférieure et de sa sexualité. Ce sont elles qu'il doit maîtriser pour les mettre au service de l'Enfant divin. C'est pourquoi il est dit que, dans l'étable, le bœuf et l'âne soufflaient sur l'enfant et le réchauffaient de leur haleine… Donc, quand l'être humain parvient à transmuer les instincts représentés en lui par l'âne et le bœuf, ils viennent réchauffer et servir l'enfant nouveau-né. Tous ceux qui sont arrivés à faire naître le Christ en eux seront soutenus par les forces de leur nature inférieure et de leur sexualité, car ce sont des forces extraordinairement bénéfiques à condition de savoir les mettre au travail.

26 décembre

*L*e disciple d'un enseignement initiatique a pour tâche de construire son corps spirituel grâce auquel il naîtra une deuxième fois. Il possède l'idée : le Royaume de Dieu et sa Justice, la perfection, l'harmonie céleste, et il doit maintenant rassembler les matériaux pour construire le bâtiment.

En réalité, du moment que l'idée est là, les matériaux arriveront automatiquement. Dès l'instant où vous avez l'idée, le plan, et où vous l'exposez dans votre cœur, dans votre âme, il attire du cosmos tous les éléments nécessaires, et ils viennent se répartir d'après les lignes directrices déjà dessinées, gravées. Vous, vous avez seulement à le maintenir fermement dans votre âme et à orienter toutes vos activités d'après les indications données dans le plan. C'est ainsi que vous formez votre corps spirituel : le corps de gloire, le corps du Christ. Ce que l'on appelle la deuxième naissance, c'est la construction par l'être humain de ce corps lumineux qui lui permet de vivre et d'agir dans le plan spirituel.

27 décembre

*L*es âmes humaines viennent s'incarner sur la terre, puis elles s'en vont, et leurs destinées sont comparables à celles des gouttes de pluie. Chaque goutte tombe exactement à l'endroit prévu pour elle par les décrets de l'Intelligence cosmique, afin d'y accomplir sa tâche. D'une façon ou d'une autre, chacune doit se sacrifier pour désaltérer celui qui a soif, rafraîchir celui qui a chaud, laver celui que le travail de la journée a sali, arroser le champ ensemencé…

Et nombreux sont encore les sacrifices qui peuvent être demandés à l'eau : entrer dans la fabrication du pain, servir à cuire la nourriture, ou encore à diluer des substances toxiques pour les rendre inoffensives, etc. Dans tous les cas elle ne doit pas se révolter, mais accepter, même si on la pollue, même si on la gaspille, même si on abuse d'elle. Quand elle aura rempli sa mission, elle pourra retourner vers le ciel pour retrouver sa transparence. Il en est de même de l'âme humaine.

28 décembre

*U*ne bonne vision des choses ne peut s'obtenir que par la pureté. C'est pourquoi notre Enseignement met l'accent sur la vie pure, aussi bien dans le plan physique que dans le plan psychique.

Toute la destinée de l'homme dépend de la clarté de son « œil intérieur », et cette clarté dépend de sa façon de vivre. Dès qu'il commet une faute, dès qu'il transgresse les lois divines, sa vision spirituelle s'obscurcit, il n'est plus ni averti ni guidé, et il s'égare dans des voies sans issue. C'est donc à chacun de prendre conscience de la relation qui existe entre sa conduite quotidienne et la clarté de sa vision. Celui qui se décide à vivre une vie droite, honnête et noble se purifie, et ses centres subtils commencent à fonctionner. C'est ainsi que, bien éclairé, bien dirigé, il retrouve les sources, les prairies, les lacs, les pâturages et les montagnes de sa vraie patrie.

29 décembre

Parler, écrire, consiste à assembler des mots en les ajustant, en les organisant ; c'est donc un acte de création. Chacun peut ainsi créer chez les êtres la joie, la confiance, l'amour, la lumière, ou bien le chagrin, l'obscurité, la maladie, le désespoir ; et dans le second cas, même si on s'exprime dans le meilleur style, on fabrique des monstres.

La véritable évolution, c'est d'apprendre à se servir de la parole, orale ou écrite, en vue de résultats divins, c'est-à-dire de mettre en œuvre les éléments du Verbe pour créer uniquement ce qui est juste, bon et beau. Celui qui travaille consciemment dans cette direction, participe à l'œuvre de Dieu, qui le reconnaît alors comme un de ses ouvriers. Car la création n'est pas encore achevée, le Créateur continue à travailler et Il a besoin d'ouvriers qui Lui apportent – symboliquement – des pierres, du sable, du ciment. « Nous ne servons qu'à ça ? » direz-vous. Oui, et ne soyez pas vexé, ce n'est certainement pas à nous, les humains, que le Créateur peut confier la tâche la plus importante, mais, à quelque niveau que ce soit, il est glorieux de participer à son travail.

30 décembre

Ce sentiment que nous éprouvons parfois que l'immensité, l'illimité est la véritable patrie de notre âme, n'est pas une illusion, il a son origine dans notre structure psychique. C'est pourquoi, ceux qui refusent de prendre en considération ces besoins de leur âme, sentiront toujours au fond d'eux-mêmes une sorte d'insatisfaction. Même avec la fortune, au milieu des honneurs, des succès, de la gloire, ils auront toujours la sensation qu'il leur manque quelque chose. Et il est inutile qu'ils essaient de nier ou de refouler cette sensation par quelque moyen que ce soit ; car elle est là pour les obliger à marcher sur le chemin qui les conduira jusqu'à la Source de la lumière.

Dieu ne peut être ni vu, ni entendu, ni touché, ni expliqué, ni atteint. Or, nous sommes habités par le besoin irrésistible de partir à sa recherche. Et c'est Dieu Lui-même qui a mis ce besoin en nous pour que nous n'arrêtions jamais d'avancer. L'essentiel c'est de ne jamais s'arrêter.

31 décembre

Une année se termine et une autre va commencer… C'est la période où tous forment des vœux pour eux-mêmes, pour leur famille, leurs amis, pour le monde entier. La coutume est de se rencontrer, de s'embrasser, de s'inviter, en espérant que cette nouvelle année apportera à chacun beaucoup de bonnes choses.

Mais avant de penser à la nouvelle année, arrêtez-vous un moment sur l'année qui s'en va et adressez-vous à elle… Vous êtes étonné : comment ? parler à l'année ?… Oui. La Kabbale dit qu'une année est un être vivant, on peut donc lui parler. Alors, adressez-vous à cette année qui s'éloigne et demandez-lui de se souvenir de vous. Puisqu'elle est vivante, elle ne reste pas inactive, elle a enregistré non seulement vos actes, mais aussi vos désirs, vos sentiments, vos pensées. Le dernier jour elle fera son rapport aux Seigneurs des destinées et elle vous reliera à l'année nouvelle. Sachez la saluer avant de la quitter.

La nuit du Wessak

Chaque année, dans l'Himalaya, au moment de la pleine lune de mai, se déroule, la nuit, la cérémonie du Wessak.*

La pleine lune de mai est doublement sous l'influence du Taureau : depuis le 21 avril le soleil est entré dans ce signe, et c'est dans ce signe aussi que la lune est en exaltation.** Le Taureau, c'est la nature prolifique, la fertilité, l'abondance. Ceci est encore souligné par le fait qu'il est le domicile de Vénus, planète de la génération. Le moment de la pleine lune de mai présente donc les meilleures conditions pour faire un travail avec les forces de la nature, afin d'attirer les bénédictions du Ciel sur les récoltes, le bétail, mais également sur les êtres humains. Car les humains aussi, s'ils savent attirer les influences bénéfiques qui circulent alors à travers le cosmos, peuvent en bénéficier non seulement sur le plan physique mais aussi sur le plan spirituel. C'est pourquoi par leurs méditations, leurs prières, leurs chants, leurs invocations magiques, les Initiés cherchent à créer dans l'espace des lignes de force afin d'attirer des

* Le Wessak est la fête de Bouddha. Au Tibet, elle est célébrée dans la vallée du Wessak.

** Certaines années, lorsque le soleil est en Taureau, la pleine lune a lieu en avril.

énergies qu'ils envoient à tous les êtres vigilants, éveillés, capables de participer à cet événement.

Il existe sur la terre des lieux plus favorables que d'autres à ce travail cosmique. Le lieu où se déroule la cérémonie du Wessak est le plus puissant de tous. Certains Initiés s'y rendent physiquement, d'autres s'y rendent par leur corps astral, en se dédoublant. Mais il est possible à tous d'y participer par la pensée. Pendant cette nuit, vous ne devez conserver sur vous aucun objet métallique, car le métal n'est pas un bon conducteur des ondes qui descendent des régions spirituelles. Mais la seule condition véritablement indispensable pour être admis à cette fête est l'harmonie. Veillez donc à ne garder aucune mauvaise pensée, aucun mauvais sentiment à l'égard des autres, et trouvez l'attitude intérieure qui vous permettra de recevoir les bénédictions que les Initiés envoient cette nuit-là aux enfants de Dieu.

INDEX

A

C

E

F

G

H

I

J

N

O

P

S

T

Note : Sans rejeter la division corps – âme – esprit adoptée traditionnellement en Occident, Omraam Mikhaël Aïvanhov a surtout utilisé la division en six – ou sept – corps, inspirée de la philosophie hindoue. (Le corps éthérique, souvent mentionné, fait partie du corps physique. Voir à ce sujet le chapitre VI de « La vie psychique : éléments et structures »).

Les trois activités fondamentales par lesquelles se caractérise l'homme sont la pensée (qui a pour instrument l'intellect), le sentiment (qui a pour instrument le cœur) et l'action (qui a pour instrument le corps physique). Ne croyez pas que seul le corps physique soit fait de matière : le cœur et l'intellect aussi sont des instruments matériels, seulement leur matière est plus subtile que celle du corps physique.

Une longue tradition ésotérique enseigne que le support, le véhicule du sentiment est le corps astral et celui de l'intellect le corps mental. Mais cette trinité : corps physique, corps astral, corps mental constitue notre nature humaine imparfaite. Ces mêmes facultés de la pensée, du sentiment et de l'action se retrouvent en nous à un niveau supérieur, et là, leurs véhicules sont les corps causal, bouddhique et atmique qui forment notre Moi divin. Les trois grands cercles concentriques indiquent les relations qui existent entre les corps inférieurs et supérieurs.

NATURE SUPÉRIEURE

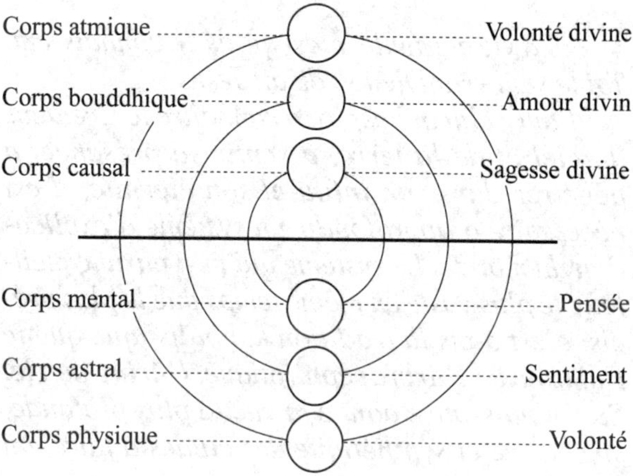

NATURE INFÉRIEURE

Le corps physique qui représente la force, la volonté, la puissance dans le plan matériel est lié au corps atmique qui représente la force, la puissance et la volonté divines.

Le corps astral qui représente les sentiments et les désirs égoïstes et personnels, est lié au corps bouddhique qui représente l'amour divin.

Le corps mental qui représente les pensées ordinaires et intéressées est lié au corps causal qui représente la sagesse divine.

Omraam Mikhaël Aïvanhov

« La vie psychique : éléments et structures » – *N° 222, chap. III, Collection Izvor.*

Introduction à l'Arbre séphirotique

« La vie éternelle, c'est qu'ils Te connaissent, Toi le seul vrai Dieu », disait Jésus.

Pour celui qui aspire à connaître le Créateur du ciel et de la terre, à sentir sa présence, à pénétrer dans son infini et son éternité, il est nécessaire d'approfondir un système d'explication du monde. Le système qui m'a paru le meilleur, le plus vaste en même temps que le plus précis, c'est dans la tradition kabbalistique que je l'ai trouvé : l'Arbre séphirotique, l'Arbre de Vie. Sa connaissance donne la vue la plus profonde, structurée et synthétique des études à faire, du travail à réaliser.

Cet Arbre de Vie se présente comme un schéma très simple, mais son contenu est inépuisable. Il est pour moi la clé qui permet de déchiffrer les mystères de la création. Il n'est pas destiné à nous enseigner l'astronomie ni la cosmologie, et d'ailleurs personne ne peut dire exactement ce qu'est l'univers ni comment il a été créé. Cet Arbre représente un système d'explication du monde qui est de nature mystique. Par la méditation et la contemplation, par une vie de sainteté, les esprits exceptionnels qui l'ont conçu sont parvenus à saisir une réalité cosmique, et c'est leur enseignement transmis par la tradition et toujours repris, toujours médité au cours des siècles, qui est pour l'essentiel parvenu jusqu'à nous.

Un Maître spirituel est conscient des responsabilités qu'il prend en faisant entrer les humains dans ce sanctuaire de la Divinité, et c'est donc avec beaucoup d'humilité, de respect, de vénération que vous devez aborder ces connaissances. En revenant souvent sur ce tableau, vous allumerez des lumières en vous. Vous n'arriverez certainement jamais à explorer toutes ses richesses, mais de Malhouth à Kéther cette représentation d'un monde idéal vous tirera toujours vers le haut.

Arbre séphirotique

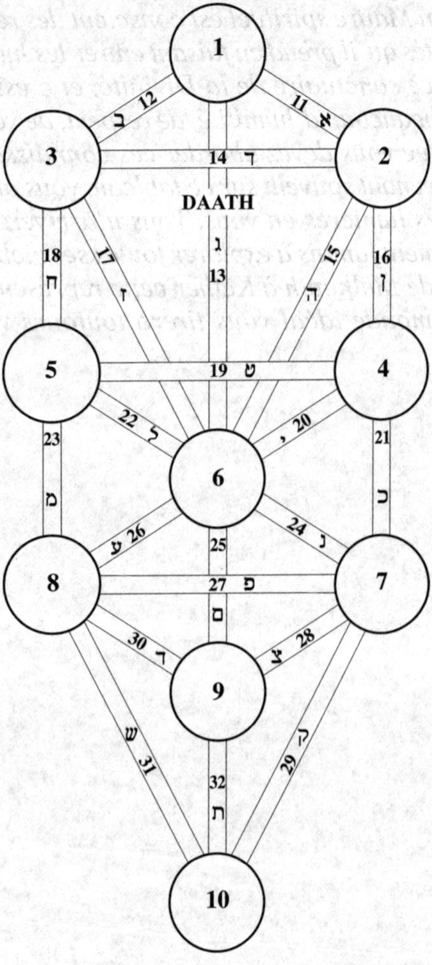

Arbre séphirotique

1 Ehiéh
Kéther – *la Couronne*
Métatron
Hayoth haKodesch – *les Séraphins*
Reschith haGalgali – *les premiers tourbillons (Neptune)*
♆

3 Jéhovah
Binah – *l'Intelligence*
Tsaphkiel
Aralim – *les Trônes*
Chabtaï – *Saturne*
♄

2 Iah
Hohmah – *la Sagesse*
Raziel
Ophanim – *les Chérubins*
Mazaloth – *le Zodiaque (Uranus)*
♅

5 Elohim Guibor
Guébourah – *la Force*
Kamaël
Séraphim – *les Puissances*
Madim – *Mars*
♂

4 El
Hessed – *la Grâce*
Tsadkiel
Haschmalim – *les Dominations*
Tsédek – *Jupiter*
♃

8 Elohim Tsébaoth
Hod – *la Gloire*
Raphaël
Bneï-Elohim – *les Archanges*
Kohave – *Mercure*
☿

7 Jéhovah Tsébaoth
Netsah – *la Victoire*
Haniel
Elohim – *les Principautés*
Noga – *Vénus*
♀

9 Chadaï-El-Haï
Iésod – *le Fondement*
Gabriel
Kéroubim – *les Anges*
Lévana – *Lune*
☽

6 Eloha vaDaath
Tiphéreth – *la Beauté*
Mikhaël
Malahim – *les Vertus*
Chémesch – *Soleil*
☉

10 Adonaï-Méleh
Malhouth – *le Royaume*
Sandalfon
Ischim – *les Hommes parfaits*
Olam Iésodoth – *Terre*
♁

Du même auteur :

Collection Izvor

201 – Vers une civilisation solaire
202 – L'homme à la conquête de sa destinée
203 – Une éducation qui commence avant la naissance
204 – Le yoga de la nutrition
205 – La force sexuelle ou le Dragon ailé
206 – Une philosophie de l'Universel
207 – Qu'est-ce qu'un Maître spirituel ?
208 – L'égrégore de la Colombe ou le règne de la paix
209 – Noël et Pâques dans la tradition initiatique
210 – L'arbre de la connaissance du bien et du mal
211 – La liberté, victoire de l'esprit
212 – La lumière, esprit vivant
213 – Nature humaine et nature divine
214 – Le Masculin et le Féminin, fondements de la création
215 – Le véritable enseignement du Christ
216 – Les secrets du livre de la nature
217 – Nouvelle lumière sur les Évangiles
218 – Le langage des figures géométriques
219 – Centres et corps subtils – *Aura, plexus solaire, centre Hara...*
220 – Le zodiaque, clé de l'homme et de l'univers
221 – Le travail alchimique ou la quête de la perfection
222 – La vie psychique : éléments et structures
223 – Création artistique et création spirituelle
224 – Puissances de la pensée
225 – Harmonie et santé
226 – Le Livre de la Magie divine
227 – Règles d'or pour la vie quotidienne
228 – Regards sur l'invisible
229 – La voie du silence
230 – Approche de la Cité céleste – *Commentaires de l'Apocalypse*
231 – Les semences du bonheur
232 – Les révélations du feu et de l'eau
233 – Un avenir pour la jeunesse
234 – La vérité, fruit de la sagesse et de l'amour
235 – « En esprit et en vérité »
236 – De l'homme à Dieu – *Séphiroth et hiérarchies angéliques*
237 – La Balance cosmique – *Le nombre 2*
238 – La foi qui transporte les montagnes
239 – L'amour plus grand que la foi
240 – Qu'est-ce qu'un fils de Dieu ?
241 – La pierre philosophale – d*es Évangiles aux traités alchimiques*
242 – Aux sources inaltérables de la joie
243 – Le rire du sage
244 – Marchez tant que vous avez la lumière

Du même auteur :

Collection des « Œuvres Complètes »

Tome 1 – La deuxième naissance
Amour, Sagesse, Vérité
Tome 2 – L'alchimie spirituelle
Tome 3 – Les deux arbres du Paradis
Tome 4 – Le grain de sénevé
Tome 5 – Les puissances de la vie
Tome 6 – L'harmonie
Tome 7 – Les mystères de Iésod,
les fondements de la vie spirituelle
Tome 8 – Langage symbolique, langage de la nature
Tome 9 – « Au commencement était le Verbe »
commentaires des Évangiles
Tome 10 – Les splendeurs de Tiphéreth,
le soleil dans la pratique spirituelle
Tome 11 – La clef essentielle
pour résoudre les problèmes de l'existence
Tome 12 – Les lois de la morale cosmique
Tome 13 – La nouvelle terre
Méthodes, exercices, formules, prières
Tome 14 – L'amour et la sexualité *
Tome 15 – L'amour et la sexualité **
Tome 16 – Hrani Yoga
Le sens alchimique et magique de la nutrition
Tome 17 – « Connais-toi, toi-même » Jnani yoga *
Tome 18 – « Connais-toi, toi-même » Jnani yoga **
Tome 19 – Zémia, la terre - *Une pensée pour chaque jour*
Tome 20 – Voda, l'eau - *Une pensée pour chaque jour*
Tome 21 – Veuzdouh, l'air - *Une pensée pour chaque jour*
Tome 22 – Oguèn, le feu - *Une pensée pour chaque jour*
Tome 23 – La nouvelle religion : solaire et universelle *
Tome 24 – La nouvelle religion : solaire et universelle **
Tome 25 – Le Verseau et l'avènement de l'Âge d'Or *
Tome 26 – Le Verseau et l'avènement de l'Âge d'Or **
Tome 27 – La pédagogie initiatique *
Tome 28 – La pédagogie initiatique **
Tome 29 – La pédagogie initiatique ***
Tome 30 – Vie et travail à l'École divine *
Tome 31 – Vie et travail à l'École divine **
Tome 32 – Les fruits de l'Arbre de Vie
La tradition kabbalistique

Du même auteur :

La Collection Synopsis *présente en 3 volumes une synthèse de l'œuvre d'Omraam Mikhaël Aïvanhov*

1. « Vous êtes des dieux »
Table des matières : **Partie I -** « Vous êtes des dieux » – **Partie II -** Qu'est-ce que la nature humaine ? – **Partie III -** « Et Dieu créa l'homme à son image » – **Partie IV -** Les lois de la destinée – **Partie V -** Réponses à la question du mal – **Partie VI -** Le travail alchimique – **Partie VII -** Les organes de la pratique spirituelle – **Partie VIII -** Vivre la vie éternelle – **Partie IX -** Les voies de la divinisation – Index.

2. « Cherchez le Royaume de Dieu et sa Justice »
Table des matières : **Partie I -** La prière dominicale : « Notre Père qui es aux cieux » – **Partie II -** « Sur la terre comme au ciel » – **Partie III -** « Vous êtes le temple du Dieu vivant » – **Partie IV -** « Cherchez le Royaume de Dieu et sa Justice » – **Partie V -** « Tu aimeras ton prochain comme toi-même » – **Partie VI -** « En esprit et en vérité » – **Partie VII -** « Mon Père travaille et moi aussi je travaille avec Lui » – **Partie VIII -** « Puis je vis un nouveau ciel et une nouvelle terre… » – Index.

3. « Et il me montra un fleuve d'eau de la vie »
Table des matières : **Partie I -** Mystère de la vie, mystère de Dieu – **Partie II -** « Et il me montra un fleuve d'eau de la vie » – **Partie III -** L'homme dans l'Arbre de vie – **Partie IV -** Le zodiaque, clé de l'homme et de l'univers – **Partie V -** L'équilibre de la Balance – **Partie VI -** Les niveaux de la conscience – **Partie VII -** Vérité scientifique et vérité de la vie – **Partie VIII -** La conquête du sommet – **Partie IX -** L'unité de la vie – **Partie X -** Les mystères de Iésod – **Partie XI -** Malhouth, réceptacle des quintessences de Kéther – **Partie XII -** « Et sur les deux bords du fleuve il y avait un arbre de vie » – Index.

Du même auteur :

Disques compacts (Conférences improvisées)

CD5001FR – Le sens cosmique, mystique et historique de Noël
CD5002FR – L'importance de l'ambiance
CD5003FR – La science de l'éducation
CD5004FR – La prière
CD5005FR – La loi de l'enregistrement
CD5006FR – La véritable vie spirituelle
CD5007FR – L'aura
CD5008FR – La mission de l'art
CD5010FR – Déterminisme et indéterminisme
CD5011FR – La vraie beauté
CD5012FR – Introduction à l'astrologie initiatique *(3 CD)*
CD5013FR – L'Éternel Printemps
CD5014FR – La méditation *(3 CD)*
CD5015FR – Messages et conférence
CD5017FR – Le bonheur
CD5018FR – La réincarnation *(3 CD)*
CD5019FR – La science de l'unité
CD5020FR – Le monde des archétypes
CD5021FR – Les deux natures de l'être humain
CD5022FR – Le symbolisme de la porte étroite – Créer une famille universelle
CD5023FR – Pour être aimé, il faut être vivant
CD5024FR – Le sens de l'Initiation *(3 CD)*
CD5025FR – la nutrition : une science encore méconnue
CD5026FR – L'alphabet cosmique
CD5027FR – Sagesse et intelligence - Les secrets de la polarité
CD5028FR – Les pouvoirs de l'imagination
CD5029FR – Le yoga du soleil *(3 CD)*
CD5030FR – L'amour, source des énergies
CD5031FR – La conscience de notre responsabilité
CD5032FR – Quel idéal pour la jeunesse ?
CD5033FR – L'enfant, sa naissance se prépare d'abord dans le plan spirituel
CD5034FR – La réalisation du silence intérieur
CD5035FR – Ce que nous apprend la souffrance
CD5036FR – La divinité qui nous habite
CD5037FR – La parole, puissance magique
CD5038FR – Ayez recours aux forces qui sont en vous
CD5039FR – La résurrection ou le triomphe de la vie
CD5040FR – Nos ennemis sont en réalité nos meilleurs amis
CD5041FR – Prendre et donner
CD5042FR – Seul le présent nous appartient

Du même auteur :

DVDs de conférences vidéo (improvisées)

DVD7001FR – La prière, les bienfaits de la collectivité
Conférence en français – Sous-titrage en Allemand - Anglais - Bulgare - Espagnol - Français - Italien - Néerlandais - Norvégien - Polonais - Portugais - Roumain - Russe

DVD7002FR – Seul un haut idéal apporte la plénitude
Conférence en français – Sous-titrage en Allemand - Anglais - Bulgare - Espagnol - Français - Italien - Norvégien - Polonais - Portugais - Roumain - Russe - Tchèque

DVD7003FR – En chemin vers l'universel, la fraternité
Conférence en français – Sous-titrage en Allemand - Anglais - Espagnol - Français - Italien - Néerlandais - Polonais - Portugais - Russe

DVD7004FR – La pensée a besoin du sentiment pour se réaliser
Conférence en français – Sous-titrage en Allemand - Anglais - Bulgare - Espagnol - Français - Italien - Néerlandais - Polonais - Portugais - Roumain - Russe - Tchèque

DVD7005FR – L'esprit et la matière: comment les harmoniser en nous
Conférence en français – Sous-titrage en Allemand - Anglais - Bulgare - Espagnol - Français - Italien - Néerlandais - Polonais - Portugais - Roumain - Russe - Tchèque

DVD7006FR – Le bien et le mal, deux forces qui font tourner la roue de la vie
Conférence en français – Sous-titrage en Anglais - Espagnol - Français - Grec - Italien - Néerlandais - Polonais - Portugais - Roumain - Russe - Tchèque

DVD7007FR – La respiration, clé des rythmes de l'univers
Conférence en français – Sous-titrage en Allemand - Anglais - Espagnol -Français - Grec - Hongrois - Italien - Néerlandais - Polonais - Portugais - Roumain

DVD7008FR – La création artistique ou le dépassement de soi
Conférence en français – Sous-titrage en Allemand - Anglais - Espagnol - Français - Grec - Hongrois - Italien - Néerlandais - Polonais - Portugais - Roumain - Russe - Tchèque

Éditeur-Distributeur
Éditions Prosveta S.A. - Z.A. Le Capitou - CS 30012
F - 83601 Fréjus CEDEX (France)
Tél. (33) 04 94 19 33 33 – Fax (33) 04 94 19 33 34
international@prosveta.com
www.prosveta.fr – www.prosveta.com

Les Éditions Prosveta S.A. sont détentrices des droits mondiaux d'édition pour l'œuvre du Maître Omraam Mikhaël Aïvanhov. Elles la publient principalement en langue française et anglaise et accordent des droits de traduction et d'édition ou de coédition pour d'autres langues.

Les différentes sociétés ou organisations utilisant la marque Prosveta® dans le monde sont indépendantes et n'ont pas de filiation entre elles.

*** Éditeur dans sa langue - ** Diffuseur - *** Point de vente***

Éditeurs et/ou distributeurs (Liste mise à jour le 14.04.2015)

ALLEMAGNE
* PROSVETA Verlag GmbH – Heerstrasse 55 – 78628 Rottweil
Tél. (49) 741-46551 – Fax. (49) 741-46552 – info@prosveta.de – www.prosveta.de

ARGENTINE
** ASOCIACIÓN SOPHIA – Chile 1736 – Ciudad Mendoza
Tél (54) 261 420 10 47 – info@sophia.org.ar

AUSTRALIE
** PROSVETA AUSTRALIA
108 Grand Ocean Boulevard, Port Kennedy WA 6172
Tél. (61) 8 9594 1145 – prosveta.au@aapt.net.au

AUTRICHE
** HARMONIEQUELL VERSAND – Hof 37 – A- 5302 Henndorf am Wallersee
Tél. / Fax. (43) 6214 7413 – info@prosveta.at – www.prosveta.at

BELGIQUE & LUXEMBOURG
** PROSVETA BENELUX – Chaussée de Merchtem 123 – 1780 Wemmel
Tél./Fax (32) 2 460 1362 – prosveta@skynet.be – www.prosveta.be
** N.V. MAKLU Somersstraat 13-15 – B-2000 Antwerpen
Tél. (32) 3/231 29 00 – Fax (32) 3/233 26 59
** S.D.L. CARAVELLE S.A. – rue du Pré aux Oies, 303 – 1130 Bruxelles
Tél. (32) 2 240 93 00 – Fax (32) 2 216 35 98
info@sdlcaravelle.com

BOLIVIE
** SURYA – Calle Muñoz Cornejo, Sopocachi – La Paz
mavibel@gmail.com

BRÉSIL
* EDITORA BEST SELLER/NOVA ERA
Grupo Editorial Record – Dept. Editorial
Rua Argentina, 171 – Sao Cristovao – 20921-380 Rio de Janeiro – RJ
mdireto@record.com.br ou tél. (21) 2585-2002

BULGARIE
* AVIR – Rue George Washington n° 23 – Sofia 1000
Celular: 00359 (0) 9 888 789 09; 00359 (0)896 054 999
Tél. 00359 (0)2 417 86 72 – e-mail : books@avir.bg, www.avir.bg

*** NOVA EPOHA – Rue Chesti Semptembri n° 28 – Sofia 1000
Tél. 00359 (02) 981 98 98 – Celular 00359 (0)88 981 98 98
novaepoha@novaepoha.com / www.novaepoha.com

CANADA

** PROSVETA Inc. – 3950, Albert Mines – Canton-de-Hatley (Qc), J0B 2C0
Tél. (819) 564-8212 – Fax. (819) 564-1823
in Canada, call toll free: 1-800-854-8212
prosveta@prosveta-canada.com / www.prosveta-canada.com

CHILI

* VEHADI
Cruz del Sur 445 dept 204 – Las Condes – Santiago

COLOMBIE

* PROSVETA COLOMBIA
Calle 174 Número 54B – 50 Interior 6 – Villa del Prado – Bogotá
Tél. (57 1) 6 14 53 85 / 6 72 16 89 – Fax. (57 1) 6 33 58 03
Portable: (57) 311 8 10 25 42 – prosveta.colombia@hotmail.com

CONGO

** PROSVETA CONGO – 29, Avenue de la Révolution – B.P. 768 – Pointe-Noire
Tél. 00 242 0555 31254 – prosvetacongo@yahoo.fr

CÔTE D'IVOIRE

** Librairie Prosveta
25 rue Paul Langevin Zone 4C – 01 B.P. 2 – Abidjan 01
Tél./Fax (225) 57 99 55 49 – Tél. (225) 05 76 22 44 – prosvetafrique@yahoo.fr

ESPAGNE

* ASOCIACIÓN PROSVETA ESPAÑOLA – C/ Diputació, 385 local Bajos 2
08013 Barcelona – Tél. / fax 93.412.31.85
aprosveta@prosveta.es – www.prosveta.es

ÉTATS-UNIS

** Prosveta Books – M. Mendes – 15 Andrew Place – P.O. Box 932 – Locust Valley
New York 11560 – Tél. (718) 844 0456 – Tél. (516) 674 4428
prosveta2011@gmail.com – www.fbu-usa.com
** PROSVETA US Dist. – 29781 Shenandoah LN – Canyon Country CA 91387
Tél. (661) 252-9090 – prosveta@sbcglobal.net – www.prosveta-usa.com

FRANCE – DOM TOM

* Éditions Prosveta S.A. - 1277, av. Jean Lachenaud - CS 30012
F - 83601 Fréjus CEDEX (France)
Tél. (33) 04 94 19 33 33 – Fax (33) 04 94 19 33 34
international@prosveta.com – www.prosveta.fr – www.prosveta.com

GRÈCE

* PYRINOS KOSMOS – PUBLISHERS – 16 Hippocratous Str., 106 80 ATHENS
Tél. 30/1/3602883, 30/1/3615233 – Fax : 30/1/3611234
info@pyrinoskosmos.gr – www.pyrinoskosmos.gr

HAÏTI

** PROSVETA DÉPÔT HAÏTI – Angle rue Faustin 1er et rue Bois Patate
#25 bis
6110 Port-au-Prince
Portable : (509) 34 64 80 88 – (509) 38 24 22 07 – rbaaudant@yahoo.com

HONGRIE

* Szenzár kiadó – Deres Str. 10/A – 1124 Budapest
kiado@szenzar.hu – www.szenzar.hu

INDE

* VIJ BOOKS INDIA PVT. LTD. *(Anglais et Hindi)*
2/19, (Second Floor) Ansari Road, Darya Ganj, New Dehli - 110 002
Tél. + 91-11-43596460, 011-65449971 – Fax +91-11-47340674
vijbooks@rediffmail.com – www.vijbooks.com
* BOOK MEDIA (Malayalam)
Choondacherry P.O. – Pala, 686579 - Kottayam – Kerala
Tél. +91 94 47 53 62 40 – bookmediaindia@gmail.com
www.indulekha.com/bookmedia

ISRAËL

* HADKEREN PUBLISHING HOUSE – P.O. Box 3597 – Jerusalem 9103501

ITALIE

* PROSVETA Coop. a r.l. – Casella Postale 55 – 06068 Tavernelle (PG)
Tél. (39) 075-835 84 98 – Fax (39) 075-835 97 12
prosveta@tin.it – www.prosveta.it

JAPON

* TAIYO PUBLISHING Ltd. – 4-1-14 Hongo – Bunkyo-ku – 113-0033 Tokyo
prosveta.japan@gmail.com

LETTONIE

* CILVEKA PASATJAUNOSANAS, biedriba – Ravija Astahova
76 Kursemes Prospekts, Apt 57 – LV-1069 Riga – ravija@inbox.lv
* Sia "Reriha gramatnica" – Elijas 11/2, Riga LV-1050

LIBAN

** PROSVETA LIBAN – P.O. Box 90-995
Jdeidet-el-Metn, Beirut – Tél. 961 (0) 3 448 560 – prosveta_lb@terra.net.lb

LITUANIE

* LEIDYKLA MIJALBA
Gedimino G 26 B – 44319 Kaunas – Tél. 370.687 8760 – Fax 370.37 353088
info@mijalba.com – www.mijalba.com

NORVÈGE

* PROSVETA NORDEN – Postboks 318, N-1502 Moss
Tél. (47) 90 27 43 33 – Fax (47) 69 20 67 60
info@prosveta.no – www.prosveta.no

NOUVELLE-ZÉLANDE

** PROSVETA NEW ZEALAND LTD – 90 Potae Avenue – Gisborne
Tél. (64) (0)9 889 0805 – port. 027 3560107
info@prosveta.co.nz – www.prosveta.co.nz

PAYS-BAS

* STICHTING PROSVETA NEDERLAND
van Dedemlaan 23 – 3871 TD Hoevelaken
Tél. (31) 33 25 345 75 – Fax. (31) 33 25 803 20
prosveta@worldonline.nl – www.prosveta.nl

POLOGNE

*** WENA Studio Twórczej Ekspresji s.c. Irena Galińska-Musioł
Genowefa Galińska, ul. Grunwaldzka 519 B/6 – 62-064 Plewiska
Tél. 61 843 65 25 – biuro@wenastudio.pl

PORTUGAL

* PUBLICAÇÕES MAITREYA
Rua Dr. Alberto de Macedo, 182 - r/c esq. – 4100-027 Porto
flora@publicacoesmaitreya.pt – www.publicacoesmaitreya.pt

RÉPUBLIQUE TCHÈQUE
* PROSVETA – Korosecka 207 – Nové Homole 370 01
Tél. / Fax (420) 38-53 10 227 – prosveta@iol.cz / info@omraam.cz
ROUMANIE
* EDITURA PROSVETA SRL – Str. N. Constantinescu 10 – Bloc 16A - sc A - Apt. 9
Bloc 16A - sc A - Apt. 9 – Sector 1 – 71253 Bucarest
Tél. 004021-231 28 78 – Tél. / Fax. 004021-231 37 19 – prosveta_ro@yahoo.com
www.prosveta.ro
ROYAUME-UNI – IRLANDE
** PROSVETA – The Doves Nest, Duddleswell Uckfield – East Sussex TN 22 3JJ
Tél. (44) (01825) 712988 – Fax. (44) (01825)713386
orders@prosveta.co.uk – www.prosveta.co.uk
RUSSIE
* ÉDITIONS PROSVETA
119454 Moskva, prospekt Vernadskogo d. 66 kv. 15
Jitniouk Elena (pour Nikitina Natalia)
Tél. 8 (495) 795 70 74 – prosveta@prosveta.ru – www.prosveta.ru
SERBIE
* ÉDITIONS GLOSARIJUM *(pour la langue serbe)*
Rige od Fere 12 – Beograd
Tél./Fax 011/2182-163 – glosarijum@glosarijum.com
* IZDAVAČKO PREDUZEĆE "Babun"
P. Fah 192, 11001 – Beograd – www.babun.net
SUISSE
** PROSVETA Société Coopérative
Ch. de la Céramone 13 – CH - 1808 Les Monts-de-Corsier
Tél. (41) 21 921 92 18 – Fax. (41) 21 922 92 04
editions@prosveta.ch – www.prosveta.ch
TOGO
** LE LIVRE S.A.R.L.
Rue Kedjessinawe Tokoin Novissi LOME – BP 1723 LOME
Tél. (00) 228 9004 83 73 – (00) 228 98 29 59 58 – (00) 228 22 41 40 34
lelivre1@yahoo.fr
VENEZUELA
** PROSVETA VENEZUELA C. A. – Calle Madrid
Edificio La Trinidad – Las Mercedes – Caracas D.F.
Tél. (58) 414 134 75 34 – prosvetavenezuela@gmail.com

Achevé d'imprimer en juin 2015
par Imprimerie France Quercy
46090 Mercuès – France

Dépôt légal : juin 2015